脱★ドンブリ経営

図を描くだけで
お金の悩みが
消えていく!

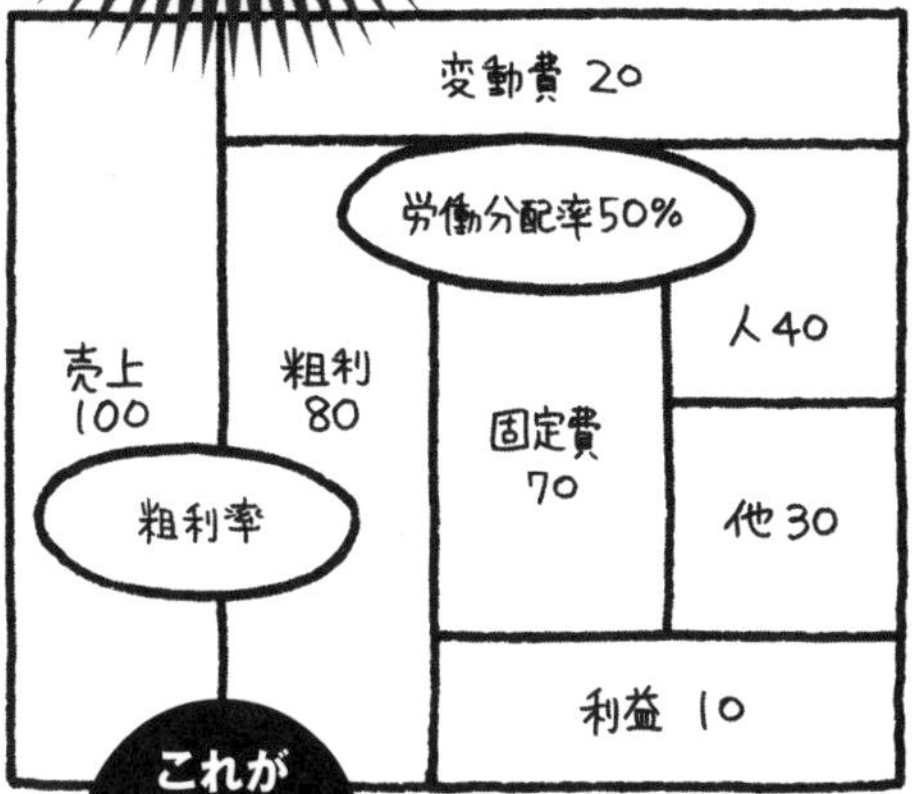

これが
儲けの
秘密です!
詳しくは67ページを

和仁達也
ビジョナリー・パートナー

ダイヤモンド社

「あなた、ドンブリでしょ?」

こう問いかけてみても、実は、多くの中小企業の社長は、自分がドンブリ経営かどうかなんて、あまり関心がありません。

いくら経営コンサルタントや税理士が、

「社長、ちゃんと決算書を読まないとダメですよ」
「経理や仕訳の基本ぐらいは知っておかないと」

などと言っても、それは正論ではあっても社長の心には響きません。
なぜなら、これまでドンブリ経営でもやってこれたという事実があるからです。
ドンブリ経営というと、言葉としては「ずさんな経営」「いい加減な経営」というニュアンスがあるので、一般論としては「よくない」と言われがちです。

でも、社長にしてみれば、こんなに居心地のいい経営スタイルはないのです。

え、なぜかって？

●ドンブリ経営をやっていれば、まず、頭をわずらわされる数字のことについて、ほとんど考えなくてもいい。そのため、好きな商売のことだけ、儲ける方法だけを考えていればいい

●また、接待交際費や旅費など、会社の経費にプライベートな支払いまで、ある程度は含めてしまえる（本当は税法上ダメですよ）。すなわち、公私混同できる

それが、ドンブリ経営をやめて、数字をちゃんと見ながら経営をしていくとしたら、どうなるでしょう？

●数字のことをいちいち考えなければならず、面倒くさい

●お金の出入りをきっちりし過ぎると、これまで公私混同ですまされていたという甘い蜜

が吸えなくなる

そうです。つまり、**ドンブリ経営をやっていたほうが、社長にとってメリットが多いように見える**のです。みなさんも、そう思いませんか？

それなのに、なぜ私は今回、「脱★ドンブリ経営」を説いているのか？　それは、

「本当はドンブリのままでいたいけど、今後はそれではマズイかもしれない」

と気づき始めている人もまた、増えてきたからです。

「売上は上り調子なのに、なぜ預金残高はこんなに少ないんだ？」

「銀行に借入を申し入れたら、余計に1000万円貸してくれると言っているが、本当に借りてもいいのだろうか？」

「業績が厳しい今、新しいスタッフを正社員でとるべきか、パートにすべきか？」

みなさんも、こんな不安が頭をよぎることがあるのではないでしょうか？　ただ、こうした不安を感じても多くの人は、**心のどこかで「ドンブリのままでもなんとかなるだろう」と考えてしまう**ものです。

もちろん、すでにドンブリであることに問題意識を持ち、そこから脱出したいという明確な目的を持った人も少なからずいらっしゃいます。しかし、ドンブリを自覚していても、どういう手立てを講じたらよいのかわからない、または、手を打ってもうまくいかないといった悩みを抱えている人が多いようです。

私が見た限りでは、どちらのタイプの社長にも、数字に苦手意識や恐怖感を持っている人が多いようです。中には、財務関係の本を読んで、なんとか苦手意識を克服しようとしている勉強熱心な社長もいらっしゃいますが、そこで学んだ知識を自分の会社の経営に活かすことができるまでには至らないのが現実のようです。

この本を手に取っていただいている人の中にも、これまで財務関係の本を読んで、「裏切られた」ような思いを抱いた人はいらっしゃるのではないでしょうか？

でも、安心してください。

どんなに数字に苦手意識を持っている人でも、**この本で説明する図を描くだけで、自分の会社のお金の構造がすぐにわかり、「儲けの仕組み」がつかめる**ようになるはずです。すなわち「いかに利益をあげるか」を自分で考えられるようになるのです。

「別にドンブリのままでいいんだよ」とか「経営者は数字のことなんて何となくつかんでおくだけで十分だよ」と思っている人でも、本書を読み進めていただければ、**「ドンブリのままでいることが実はいかに損であるか」**がわかってもらえると思います。

だからといって、細かい数字をいちいちチェックしろというのではありません。お金の流れの全体像を、図を使ってつかむだけでいいのです。

オバケと同じで、**正体が見えないものに私たちは恐怖感を覚える**ものです。しかしハッキリと全身が見えて、しかも決して襲ってくることはないとわかれば全く怖くなくなります。そう、お金に対する恐怖感というのは、私たちが暗闇の中で正体が見えないオバケに脅える感情に似ているのです。

でも、この本を読めば、たとえ決算書が読めなくても、図を使って、お金の全体像と儲けの仕組みが、ビジュアルでイメージとしてつかむことができます。

きっと、この本を読み終えるころには、「今まで何を難しく考えていたんだろう?」とビックリされることと思います。

本書は、みなさんの目的と状況に応じて、次のように好きなところからつまみ読みできるようになっています。

①ドンブリ経営まっしぐらで、数字が大の苦手

まずはプロローグを読んでみてください。そこで共感できるようなら、興味を持って第1章を読み進めることができることでしょう。

②自分は数字のことはわかっているが、部下にわかりやすく教えてあげたい

第1章の「これだけわかれば怖くない! 30分でお金の流れのすべてをつかむ」を読んでください。私のセミナー参加者からは「会社のお金のメカニズムについて、ここまでわかりやすく噛み砕いた説明を今までに聞いたことがありません」と言われました。

③きっちりマネジメントをやっているし、会計も熟知しているつもりだが、客観的にチェックしたい

第4章の「キャッシュフロー・クイズ」にいきなりチャレンジしてみてください。これが全問正解できるようなら、あなたは本書を読む必要はありません。自信を持って、このまま突き進んでください。

ところで、社長の役割とは何だと思いますか？

決算書を読むことでしょうか？　それとも、資金繰りを考えることでしょうか？

確かに、それは社長の仕事のひとつです。でも、社長の最大の役割は、**ビジョンを実現すること**、つまり、夢を形にすることだと思います。夢を具体的に描いて、それに向けて人やお金、商品などを動かしていくのが社長の役割なのです。

ビジョンを実現するためには、まず**「自社のお金の流れはどうなっているのか？」**

「利益はどこに消えてしまっているのか？」といった、会社のお金と儲けの構造を知ることが必要です。そして、もうひとつ、数字に対する判断基準を持つことが必要です。

たとえばみなさんは、売上目標をどうやって決めますか？

特に根拠もなく「昨年対比10％アップでいこう！」と決めているのでしょうか？

今はフィーリングで決めているかもしれませんが、会社のお金と儲けの構造を知ることができれば、きちんとした根拠を持って目標を決められるようになります。そして、**根拠があるからこそ、その数字を必ず達成しようという意欲も湧いてくる**のです。

私は、この本でお伝えする考え方を「キャッシュフロー思考回路」と呼んでいますが、これを習得すると、少なくとも次の3つのメリットを享受できるはずです。

①今の自分（自社）の立ち位置がわかり、ドブに捨てるようなお金の使い方をしなくなる

②会社の利益を食いつぶすような過剰な借金や、粗利を生まない無駄な人件費の使い方など、会社を倒産に追い込む原因をあらかじめ排除できる

③夢を実現するためにお金がいくら必要なのか、またお金をどう稼ぎどう使えばいいかがわかり、意欲が湧き、夢実現スピードが加速する

お金とビジョンは車の両輪です。どちらが欠けても、会社を理想の形に成長させることはできません。1人でも多くの人が、「キャッシュフロー思考回路」を身につけることで、夢への第一歩を踏み出していただければ幸いです。

この本が、みなさんのビジネスライフ、ひいてはみなさんの人生に、金額には換算できない程のリターンをもたらすことと信じています。

2005年7月

ビジョナリーパートナー　和仁達也

第3章 必ず儲けが残る！ 売上目標の決め方・考え方

第4章 キャッシュフロークイズで儲けの仕組みを再確認しよう……173

第5章 図で考える儲けの残し方・作り方

プロローグ

ドンブリには
ドンブリのよさがあるけれど

RANK A
気軽に
読もう

RANK B
少し集中して
読もう

RANK C
全力で
読もう

自覚しているかどうかは別として、日本の中小企業の多くは、ドンブリ経営であるといっていいでしょう。そして、

「ドンブリにはドンブリのよさがある」
「お金のことは、経験と勘でなんとなく理解しているから大丈夫」

こんなふうに思っている社長は、決して少なくありません。

「はじめに」でも触れましたが、これまでドンブリ経営でもやってこれたという事実があるわけですし、誰しも、自分の好きな商売のことだけ考えて、小難しいことはできれば考えずに過ごしたいと思うのは、ごく当然のことではないでしょうか。

それに、お金の管理をきっちりやりすぎてしまうと、自分が自由に使えるお金がなくなってしまうのでよくない。だから、**お金のことは適度にルーズなほうがいい**、と考えている社長も多いはずです。

■―お金のことは適度にルーズなほうがいい?

でもそれは、**あくまでも「ドンブリのままでもお金がうまく回っていること」が大前提である、**ということを忘れてはいけません。

みなさんは、日本で毎日どれくらいの会社が倒産しているかご存知でしょうか？

2004年度は、1万3276件の企業倒産（帝国データバンク調べ）があり、1日あたり36件、つまり、今こうやって1時間経つごとに1件以上のペースで、日本のどこかでバタバタと倒産しているのです。

これほど多くの会社が倒産している最大の理由は、一体何だと思いますか？

お金が回らなくなれば、当然、会社は倒産します。たとえば、売上よりも商品の仕入れのほうが大きければ、いつかは資金ショートします。儲かっていないのに高額なボーナスを支払い続けたり、必要と信じて買った設備が稼動せずに遊んでいたり、あるいは返せる目処を立てずに莫大な借金をしても、やはりいずれは資金ショートに向かっていきます。

こう言われると、「そんなことをしたら、倒産して当然じゃないか」と思う人が大半のはずです。でも、**お金の入りと出のバランスを考えずに、ドンブリ経営を続けていると、気づかないうちに、こうした「倒産して当然」のことをやってしまう**のです。

もし、本書でお話しするような考え方を知っていたとしたら、多くの企業は倒産する前にもっと手を打っていただろうと思わずにはいられません。

たとえば、第4章のキャッシュフロークイズを読むとわかりますが、**たった5％の値上げで、利益が50％もアップする**ことだってあります。つまり、たかが消費税程度の値上げ、あるいは値下げが、実は利益にものすごく大きなインパクトを与えるのです。

それを知らずに安易に値下げをしたり、安すぎる値付けをしていたとしたら、儲かるはずのものまで儲からなくなります。逆に、この考え方を知っていれば、**儲け（＝利益）を2倍にすることはそれほど難しいことではない**のです。

これは、ドンブリ経営をしている限り、一生気づかないことかも知れません。

まずは次のような会話をしていたら要注意です。あなたは身に覚えはありませんか？

■ドンブリな会社で飛び交う会話

今からご紹介するのは、よく見られるドンブリ会社の例です。そこで、どんな会話が交わされているか、一緒に見ていきましょう。みなさんは同じような会話をしていないでしょうか？

ドンブリな会話　その①　本当に補充は必要？

スタッフ「社長、鈴木さんが今月で退職するので、新しく1人採用してください。」
社長「わかった。そうしよう。」

「これは私の会社でもよくある会話です。それは当然でしょう。今までいたスタッフがいなくなれば、残った社員は、その分忙しくなりますから」

そう、よく聞く会話です。そこに疑問を持たずに社長が「うん、わかった。採用しよう」と言えば、人が補充されて解決するように思えるかもしれません。でも、よく考えてみてください。本当に今、人員を補充しなければならないのでしょうか？

「え、どういう意味ですか？」

当然、人を採用すれば人件費がかかります。もし安易に人を採用して、その人件費に見合った売上を上げることができなければ、会社は逆に損することになりますよ。売上目標を達成する上で、本当に新しいスタッフが必要なのでしょうか？　ひょっとしたら、すでにいるスタッフで補えるのではないのでしょうか？

新人は入社してすぐに戦力になるわけではありませんから、当面は教育期間が必要です。そこに労力を割くことを考えたら、一時的に忙しくはなるけど、今の訓練されたメンバーが少数精鋭で頑張ったほうが、かえって効率がいい場合もあるのです。

10人で達成しようとしていた目標を9人で実現できたなら、欠員1人分の人件費は皆で分配しても会社としては損はないでしょう。

「確かに。そういう条件なら、皆やる気を出して頑張ると思います」

だったら、安易に新しい人を採用せずに、今いる人員をもっと活用する方法を考えてみましょう。これは後でもお話ししますが、入りと出のバランスが重要なのです。会社にとっての「入り」が同じなら、「出」である人件費は、安い給料で大勢を雇うこともできるし、能力の高い人材を高い給料で少人数雇うこともできます。

どのような人材をどれだけ雇うかを考えるのは社長の仕事のひとつです。

また、人員体制をどうするかという話は、目先の数字の話だけにとどまりません。将来的に会社をどのようにしていきたいのか、というビジョンとも関連します。

ですから、**人が出入りするときは今後の会社の方向性について立ち止まって考える機会**ととらえてはいかがでしょうか。

ドンブリな会話 その② 効果は考えてるの?

スタッフ「社長、今度の雑誌広告の枠ですが、20万円と30万円の2つあります。どっちにします?」

社長「目立つほうで行こう! 30万円のほうが大きいんだろ? 30万円で行こう」

根拠もなく感覚的に判断していませんか?

「周りの会社も広告を出しているから、ウチもやろう」とか、「このキャンペーンは去年もやったから今年もやろう」と感覚で決める会社は多いです。それこそ、「いくら投資したら、いくら回収できるか」を考えない販売促進策は、世の中にたくさんあります。

効果がないのに何十万、何百万円ものムダ金を使ってはいけません。ところがドンブリ経営の社長は投資効果を考えていません。仮に社長がそのことをわかっていても、**実際に広告代理店に発注する社員がそれを考えていなければ、お金をドブに捨てているのと同じ**です。それぞれの効果の予測ぐらいはスタッフに考えさせせましょう。

たとえば10万円の広告費を使うのなら、最低でも10万円以上、粗利をアップさせないとかえって利益を圧迫します。

仮に粗利率50％、平均商品単価１０００円の商品を扱っていたとしたら、最低でもその広告宣伝によって２００個以上、販売数を上乗せできる見通しが必要です。**お金を使うときには、必ず投資効果を考えるクセをつけたい**ものです。

ドンブリな会話 その③ 資金繰りが苦しいのに？

顧問税理士「社長、大変です。今期は利益がたくさん出そうです。節税のために、何か買われたらどうですか？」

社長「そうだな、前から欲しかったベンツを買おうかな」

「このセリフ、私の会社の調子がよかった時期に、よく言われましたよ」

それにしてもこのセリフ、不思議だと思いませんか？

会社の利益がたくさん出ることはありがたいことのはずなのに、税理士は「大変です」と言って、社長に「節税のために何か買われたらいかがですか？」という提案をしているのです。これがどういうことか、わかりますか？

この税理士にとっては、税金がたくさん発生することは「大変なこと」になるのです。なぜならこの税理士は、社長が自分に期待していることは「税金を少なくすること」だと信じているからです。これは、一般的な税理士の考え方だと思います。でも、会社を経営しているのに、利益がたくさん出ることが「大変なこと」だというのは、何かおかしいと思いませんか？

「利益がたくさん発生して、税金でごっそり持っていかれるぐらいなら、欲しいものを買ってしまったほうが得だと私も思ったのですが、違いますか？」

税金でごっそり持っていかれる、と言いましたが、どれぐらい持っていかれるのですか？

「利益の半分ぐらいは税金で出て行くと聞きました」

確かにそうです。でも半分は会社に残るのですよ！

利益が出る前に何か買っておけば、それが経費として計上されて利益が圧縮されますから、その結果、税金が少なくなります。これは、もっともらしい論理ですよね。しかし、そこで買い物をすれば、当然ながら手持ちの現金自体も減ってしまいます。現金がある場合ならまだしも、借金をして買い物する場合すらあるのです。

「あ、そうか。ということは、現金を貯めるには税金は払わないといけないのですか？」

そうです。それなのに、いざ利益が出て、納税予定額を目の前にしながら、税理士に「何か買われてはどうですか？」と言われると、社長はつい借金をして、買う必要がないベンツを買ってしまいます。あるいは本当は買わなくてよかったはずのクルーザーを買ってしまうのです。資金繰りが苦しかったりするのに！

キャッシュに余裕がある人以外は、こんな節税対策をやってはいけません。間違った節税対策は会社を圧迫するだけ。目先だけにとらわれず、3年後、5年後、10年後というスパンでも考えてみることが大切です。

ドンブリな会話 その④ 税理士に見てもらえば安心？

社長「当社はドンブリ経営なんかじゃないぞ。ちゃんと税理士に見てもらっているのだから」

次は、あるセミナーでの私と受講者の会話です。実はこう公言している社長は多くいます。

社長「私はドンブリ経営じゃありません」

和仁「そうですか。やけに自信たっぷりですね」

社長「ウチはちゃんと税理士に見てもらっているから、大丈夫なんです」

私はこの最後のひと言が気になります。

「税理士に見てもらっているから、大丈夫なんです」

いったい、何を見てもらっているのでしょうか？

「私の会社も同じですが、自社の数字を見てもらっているのでは？」

では、なぜ税理士に自社の数字を見てもらっていると、大丈夫なんでしょうか？

「それは、問題があったらアドバイスをしてくれるからだと思います」

確かにアドバイスはしてくれるでしょう。ただ、それは「節税上のアドバイス」なのか、「経営の舵取りをする上でのアドバイス」なのか、どちらでしょうか？

もちろん、経営アドバイスも含めて対応できる優秀な税理士もいますから、それならOKでしょう。しかし、一般的には税理士の仕事って、何か知っていますか？

「いえ、よくわかりません……」

税理士の主たる仕事は、税務申告書類を正確に作成し、節税対策をアドバイスすることです。数字を見ているとはいえ、そういう観点で見ていたとしたら、経営のアドバイスはできるのでしょうか？

「ドンブリな会話　その③」でも紹介したように、税務上のアドバイスは、かえって会社の経営を圧迫することもあるので注意が必要なんです。

「そうか、いくら数字を見ているとはいえ、経営者と同じ見方をしているわけではないのですね。たしかに私の顧問税理士は、利益とか税金の話は生き生きとしている

のに、経営の話になるとたんに無口になります。どうも認識のズレがありますね」

そのあたりは、経営のアドバイスをしてくれるかどうか、ちゃんと顧問税理士に確認したほうがよいでしょう。繰り返しますが、今は向上心の高い優秀な税理士がたくさんいますから、ビジネス・パートナーとして一緒に考えてくれる税理士を見つけ、何を期待しているかを自分の言葉で伝えることが、ドンブリ経営から脱出する上で有効なコツです。

また、いくら優秀な税理士がいるとしても、最終意思決定者はあくまで社長です。「税理士が見てくれているから大丈夫」という依存的な発想は禁物です。もし失敗しても、誰も責任はとってくれませんから、気をつけたいことです。

ドンブリな会話 その⑤ 「時は金なり」ですよ?

社長「今日は忙しかったなあ。13時間は働いたぞ。もう疲れた。寝よう!」

お金にドンブリな社長は、時間に対してもドンブリなことが多いようです。

たとえば一日頑張って働いて、自宅に帰って来ました。「今日は忙しかった。13時間も働いたぞ」と言って寝ます。でも、色々、仕事している割には、儲けにつながる仕事は1時間程度しかしていなかったりするのです。

「そんなまさか！　私はそんなことはないと思いますよ」

そうですか。たとえばこんなことはありませんか？

- 仕事中に、飛び込みで来た営業マンの相手をして1時間ぐらい経ってしまった
- 机の上に積まれたＤＭをチェックしていたら、つい読みふけっていた
- メルマガを少し読んでいたら、そのままリンクされたＨＰにネットサーフィンをして、気がつくと1～2時間があっという間に過ぎてしまった
- 事前の準備が不十分だったために、やり直しの仕事が発生して、数時間つぶれた。

「ああ、言われてみれば私の日常風景そのままです」

そういうことで、**忙しかった割に儲けにつながっていない**、ということがよくあります。忙しいばかりで儲からない原因というのは、こんなところにもあるのです。

■「ドンブリ」の語源は大きなポケットのこと

「ドンブリ」と聞くと、牛丼などを入れる器を思い浮かべる人も多いのではないでしょうか?

しかし、もともとの語源は、商人の前掛けについている、大きなポケットのことのようです。売上もお釣りも、銀行から借りたお金も、すべてそのドンブリの中に無造作に放り込まれ、売上も借入もすべてごちゃごちゃ。そして、1日の商いが終わった後、ドンブリに入ったお金をテーブルの上にバーッと出して、現金収支で勘定したそうです。

この会計方法（?）がドンブリ勘定です。そして、そのドンブリ勘定の延長で、**お金**

を中身の区別なくごちゃ混ぜで、入りと出のバランスも考えていない、まさに行き当たりばったりの経営のことをドンブリ経営と私は呼んでいます。

■―ドンブリでは儲けの構造が見えない!

すなわち、入ってくるお金は、売上であろうが、借金であろうが、定期積立金の解約であろうが、保険金であろうが、すべて「収入」とひとくくり。そして、出て行くお金も同様に、社長の生活費も経費も借金の返済も税金もすべて「支出」とひとくくり。そして、収入よりも支出のほうが小さければ「あまったお金」が発生し、これが貯蓄として蓄えられていく、という極めて荒っぽい経営のやり方がドンブリ経営です。だから、会社のお金の流れの構造が見えていないし、目標を設定するのも広告宣伝費を決めるのも、感覚的に判断することになってしまうのです。

つまり、**ドンブリ経営の一番の問題点はお金の流れ、お金の構造(儲けの構造)が見えていないことなの**です。これを図にすると**図表1**のような収支構造になります。

図表1■「収入」も「支出」もすべてひとくくり

収入	支出
・売上 ・借入 ・定期積立金の解約 ・保険金 ・設備の売却収入 ・税金の還付 ・・・etc	・社長の生活費（報酬） ・経費 ・返済 ・税金 ・定期積立 ・・・etc
	あまったお金

たまたま、
「収入＞支出」
ならお金は回って
いくけれど…

「収入」も「支出」もひとくくり。お金の流れも構造も見えていない

収支構造とは、「収入」と「支出」の「構造」のことです。これから私は何度となくこの「お金の構造を知る」ことの重要性をお伝えしていきます。

なぜほとんどの中小企業がドンブリ経営なのか？

ひと昔前なら、このような大雑把な把握のしかたであっても、あまり問題視されませんでした。それは、ちゃんとお金が回っていたからです。

その理由は、「今ほどは競争が激しくなくて、景気もよく、売上が右肩上がりに上がっていたから」だったり、「親が資産家で、お金が必要ならそれなりに融通してもらえたから」だったり、あるいは、「たとえ売上が足りなくても、銀行から借入がカンタンにできたから」などさまざまでした。そのため、かつてはほとんどの中小企業がドンブリ経営でもやっていけたのです。さて、それでは今はどうでしょうか？

「この不景気で、しかもこれだけ商品寿命が短くなっては、売上は下がる一方です」

では、借入でまかなうことは？

「ウチのように土地も資産もない会社には、銀行も貸してくれませんよ」

すると収入が下がる要因は強くなっているのですね。

では、支出のほうはどうでしょう？

「それなりに努力して節約はしましたが、減らすにも限界があります」

収入が支出を下回ると、収支構造は次ページの**図表2**のようになりますね。

「きっとウチはこの図のような感じです。これじゃあ、お金が回らないですよ」

そうです。状況がよくわからないまま、お金がショートしてしまうのです。

では、会社がこんな状態であると気がついたら、経営者は次に何を考えますか？

「それは、どこを改善できるかを、具体的に調べないといけません」

そうですよね。でも、「収入」と「支出」、そして「あまったお金（あるいは足りないお金）」というように、3つの大きなくくり方しかしていないとしたら、何からどう改善したらよいのでしょうか？

「う～ん、目につく支出から削るでしょうね」

でも、削れるものって、どこがありますか？

「そうですねえ、自分の生活費はこれ以上下げたくないし、経費もそんなに贅沢はしていないはずだし、返済は減らせないし……、う～ん、改めて考えてみると削れるところが見当たらないなあ。どうしたらよいのでしょうか？」

図表2■収入＜支出になってしまうと…

収入	支出
・売上 ・借入 ・定期積立金の解約 ・保険金 ・設備の売却収入 ・税金の還付 ・・・etc	・社長の生活費（報酬） ・経費 ・返済 ・税金 ・定期積立 ・・・etc
	足りないお金

お金の構造が見えてないから、お金が足りなくなっても、原因も対策もわからない

まず言えることは、お金の出入りの区分けがあまりにも荒いことが問題です。

つまり、**複数の種類のお金がすべてゴチャゴチャにされていて、お金の流れが見えていないので、お金がショートする原因もその対策もわからない**のです。

その対策については、これから詳しくお話ししますので安心してください。

まずはみなさんの会社のお金の出入りの構造が、**図表2**のように「収入＜支出」の状態になっていないか、もしそうだとしたら、支出のほうがどれだけ大きいのか、さっそく決算書をチェックしてみましょう。顧問税理士に尋ねてみるのも手です。

CHECK POINT

Q 収入と支出、1年間で、どちらがどれだけ大きいだろうか？その差額はいくらだろうか？

■——この2つを押さえれば、あとはドンブリのままでいい

「脱★ドンブリ経営」といっても、決算書の読み方を理解したり、細かい数字のことを勉強したりする必要はありません。会社のお金と上手につきあっていくためには、たった2つのことを押さえておくだけで十分なのです。

1つは**「お金の流れの全体図をビジュアルで理解する」**こと、そしてもう1つは、**「判断する基準を持つ」**ことです。ここさえ押さえておけば、細かいお金の話は必要ありません。少し乱暴な言い方になりますが、このツボを押さえておけば、あとは大雑把なまま、つまりドンブリのままでもいいのです。

会社のお金とのつきあい方の秘訣

①お金の流れの全体図をビジュアルで理解する
②判断するための基準を持つ

具体的な話は第1章に譲りますが、まずはお金の流れの全体図をご覧いただきましょう（**図表3**）。

これが会社のお金の全体像です。この本では従来の会計本やキャッシュフロー本と違い、このような図を使って、ビジュアルでお金の流れを理解できます。

今、この図を見ても何もわからないかもしれませんが、それでけっこうです。第一章を読み終える頃には、みなさんは会社のお金の流れを把握し、脱ドンブリ経営への第一歩を踏み出しはじめるに違いありません。

それからもう1つ、この図の意味が理解できるようになると、お金についての判断基準を持つことができます。

事業をしていると、たとえば、

「ボーナスはいくらまで払えばいいのだろう、年に何回払えばいいのだろう？」

「売上目標をどの辺りに設定したらいいのだろう？」

「これを買うべきかどうか？」

図表3■これが会社のお金の全体像です!

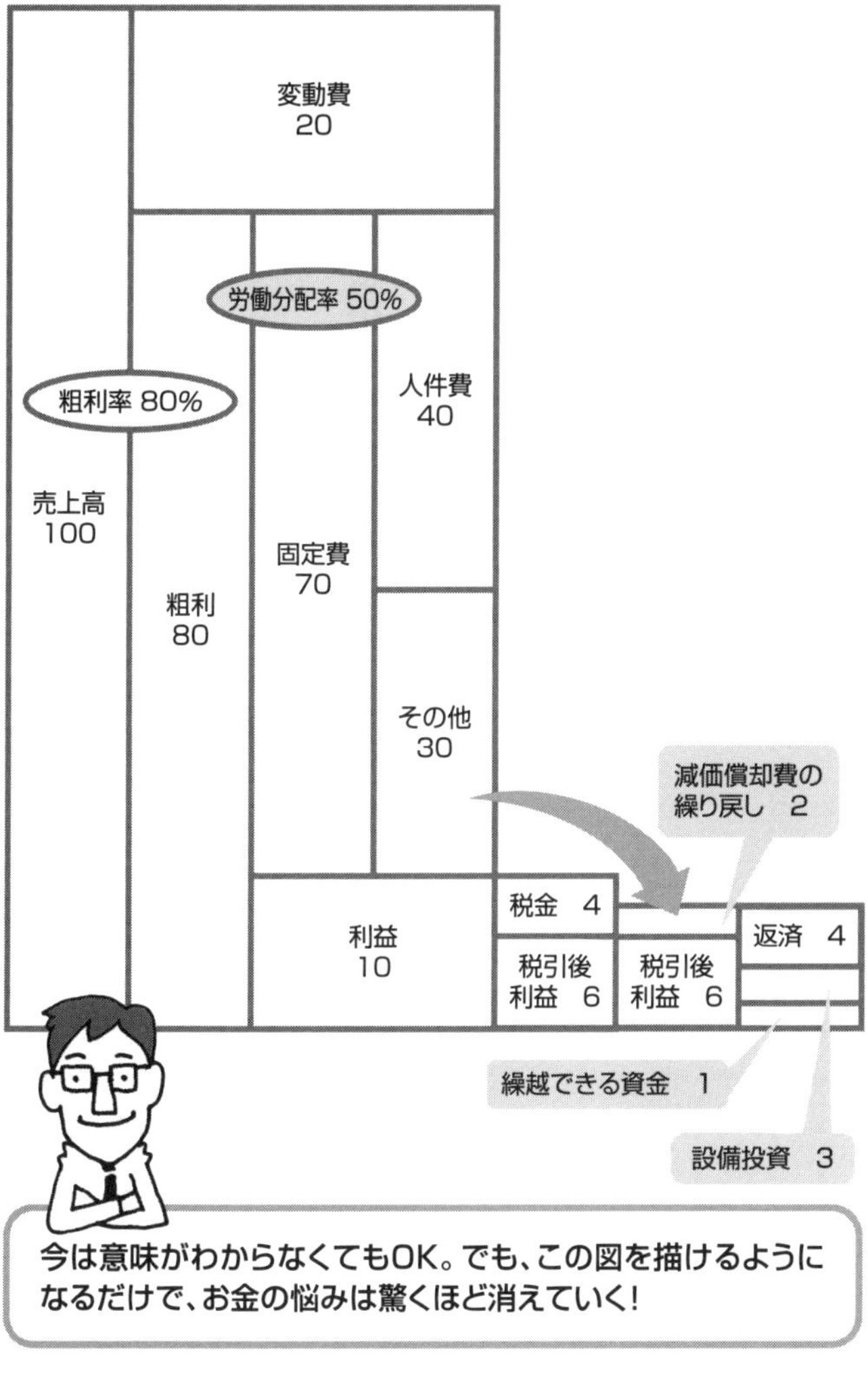

などと迷うことがたくさんあります。

そのときに、何となく感覚的に判断してしまうのか、きっちりとした判断基準にしたがって決断するのか、その違いがどれだけ大きいかは、会社を経営している人ならすぐにわかってもらえると思います。

■たった2割の知識で8割の成果が出せる効率的な話

「実は、私は数字が大の苦手で、今まで避けてきたのですが、私でも理解できるでしょうか?」

大丈夫です、何も難しい話はしませんのでご安心ください。お金の専門家が知っている知識を10とすると、この本でお話するのは、そのうちの2割程度です。でも、**「この2割のことを知っておくだけで、経営において8割の成果が出る」**という、効率的な話です。

私自身、これからお話する内容がキッチリ理解できたおかげで、今でもコンサルティングの仕事を続けることができていますし、経営者としても、(株)ワニマネジメントコンサルティングと、(株)ビジョナリープラネットという、2つの会社を経営することができています。

また、世間では半年から1年未満の短期で契約解除となるコンサルタントが多い中、大変ありがたいことに3~5年、長いところは独立当初からおつきあいが続いています。

これは、表面的な知識や情報を提供するのではなく、ものごとの本質的な構造をお伝えし、判断基準をもとに一緒に考えるスタンスを取ってきたからだと思っています。

しかし、実は、ほんの数年前、サラリーマン時代の私は、数字を漠然と恐れていました。

「あれもこれも知っていなければならない」という幻想、無知ゆえの漠然とした恐怖感がありました。

でも、私は7年間のコンサルティング経験を通して、特に中小企業経営においては、数字についての専門的な知識をそれほど持っていなくても、実際のビジネス上ほとんど支障がないことに気づいたのです。

「全顧客のたった2割で、全売上の8割を生み出している」というパレートの法則と同様で、世にある財務知識のうち、簡単な言葉で表現できる2割の知識によって、実際のビジネスでは8割以上は事足りるのです。

残りの8割の知識も知っておいて損はありませんが、はじめから完璧を目指したばかりに、途中で挫折してしまう人が多いのも本当です。ならば、はじめから「8割の成果が出るなら、それでよし」と割り切るのも手です。なぜなら、コンサルタントとして経営者にアドバイスをする立場にある私でも、それで仕事上はほとんど事足りているからです。

ですから、この本では「正確さ」よりも「わかりやすさ」を優先して、かなり端折った解説をするつもりです。みなさんが求めているものが、正確な財務知識や会計知識なのであれば、それは他の本に求めてください。この本では2割の労力で8割の成果を得るおおまかな、だけど極めて重要なノウハウを吸収していただきたいと思います。

■ドンブリ経営の対極にあるものとは？

ところで、ドンブリ経営の対極にあるものとは一体、何だと思いますか？

実は、それは、みなさんもご存知のキャッシュフロー経営です。

「キャッシュフロー経営って、一昔前に流行った言葉ですよね。確か上場企業はキャッシュフロー計算書を決算書にとりいれなければならなくなった、とかで……」

そうです。ただ、そのときの解釈は『売上重視、利益重視の考え方ではなく、キャッシュフロー（現金の入り＝増加分）を重視しよう』とか、『大企業が企業価値を高めるための考え方』という意図で使われることが多かったようです。

そのため、中小企業には縁遠い話として受けとめられてきました。

しかし、それは表面的な使われ方でしかありません。本質的には、お金の流れの全体を見て、適正な収支構造を保ちながら経営をしていこう、というものです。
このように、このキャッシュフロー経営という言葉は、世の中でいろいろな意味で使われているので、まずは私なりの定義をお伝えします。それは、次の3つを考えながら経営をすることです。

キャッシュフロー経営　3つの定義

①お金に目的別に色をつける
②お金の入りと出のバランスを考える
③逆算思考で目標を決める

この3つのキーワードの意味は、第1章、第2章を読み進めていただくとわかります。
今は、この言葉をとりあえず覚えておいてください。

■お金はビジョン実現をサポートするツールである

この章の最後に、ビジョンとお金の関係について少しだけ話をします。

ビジョンがハッキリすると、「それを実現させるために、具体的にいくらのお金が必要なのか」「それをいつまでに稼ぐ必要があるのか」、そして、「どんな行動を起こす必要があるのか」が見えてきます。

たとえば優秀なスタッフを採用したければ、その人が納得するだけの給料を支払うことが必要でしょう。そして同時に、その人がその給料に見合った粗利を生み出すよう、活躍の場も与えてあげなければなりません。

もし、3年後に新規事業を展開したいのであれば、それまでに必要な設備投資をしたり、資金を蓄えることも必要でしょう。

また、プライベートビジョンに「1カ月の休暇を取り、海外でリフレッシュする」という目標を掲げたのであれば、社長自身が相応の報酬を受け取り、また1カ月間社長が出社しなくても会社が回るように、社員に任せられる状態を作っておく必要があります。

このように、「1年後、3年後、10年後にどうなっていたいか」が明確になればなるほど、それを裏付けるお金のプランが重要性を持ってくるのです。そして、そのときお金の構造を知り、それをコントロールする方法を知ったとき、**実はお金はビジョンの実現を強力にサポートしてくれる便利なツールである**ことに気づくのです。

ビジョンがあっても、お金がなければそれを実現できません。かといって、お金のことばかりに追われていると、ビジョンを忘れてしまいます。だからこそ、**ビジョンとお金は車の両輪で、どちらも大切**なのです。

この本をフル活用して、お金の悩みを解消していただくと同時に、みなさんのビジョンの実現にぜひ役立ててください。
それではさっそく本論に入っていきましょう。

第1章

これだけわかれば怖くない！30分でお金の流れのすべてをつかむ

RANK A 気軽に読もう
RANK B 少し集中して読もう
RANK C 全力で読もう

会社の中をお金はどのように流れているのか

「会社の中をお金がどのように流れているのか」という全体像を今からお話します。お金が売上として入ってきて、いろいろな経費が出て行って、最終的にどれだけ残るのか。みなさんはその構造について、人に説明ができますか？

「いえ、入りと出を関連づけて理解しているわけじゃないので、上手く説明できないと思います」

会社経営において、お金がどう入ってどう出て行き、そしてどれだけ残るのか。そのお金の構造については、意外なことに、知らない人が多いはずです。

なぜなら、**これまで私たちは、売上の話、人事労務の話、銀行借入の話、コスト削減の話、というように、それぞれの分野について分断された状態で議論している**からです。

そうすると、たとえば、

「『社員の報酬体系を整備しなくては！』と人事コンサルタントを雇い、立派な賃金システムを導入した」

「しかし、その前提としていくらの売上、利益が必要なのかがスッポリ抜け落ちていた」

「そのため、その分厚い賃金規定マニュアルは実際には機能せず、社長室の机の奥に何年も眠ったままになっている」

というような悲しいことが起こるのです。

つまり、実際の会社の活動としては、それらはすべて連動しているので、全体の構造を知り、入りと出のつながりを常に考えることが重要なのです。

この本を通してそれを理解すれば、みなさんは次のような質問に対して回答を導き出す手段を得られます。

Q　わが社にとって人件費の上限はいくらだろうか？

Q わが社が来年度、必ず達成しなければならない売上高はいくらだろうか？

Q わが社が借金をしてもよい上限はいくらまでだろうか？

Q この営業マンが提案してきた商品は購入しても後悔しないだろうか？

Q 社長が受け取れる報酬はいくらまでだろうか？

みなさんはこれらの質問に自信を持って答えられますか？

■多くの人がドンブリ経営に陥る3つの罠

「実は、私はドンブリ経営真っ只中なのですが、周りの経営者仲間に聞くと、ほとんどの人が私と大差ないようです。決算書も読めないし、税理士に相談したくても何を聞いていいのかもわからないのです」

誰も好き好んでドンブリ経営に陥っているわけではありませんよね。

ちゃんと財務の本を読んでみたり、税理士に話を聞いたことがある人もいます。それでも結局は理解できず、あきらめてしまうようです。そのような人に見受けられる3つの共通パターンがあります。
もし、みなさんがこのいずれかのパターンにはまりそうになったら、注意してみてください。

ドンブリパターン① 全体を見ずに、部分から入りたがる

この章の冒頭にお話ししたように、売上の話、人事労務の話、銀行借入の話、コスト削減の話、というように、それぞれの分野について分断した状態で焦点をあてている。その結果、全体として経営全体の数字がどうなっているのかがつかめないままなのです。

「これは、たしかにその通りです。ただ、決算書を見てもよくわからないし、そもそもお金の流れの全体像を把握したくてもできないんですよ」

確かに、『知る機会がないから知らずにきた』、というのが実態かも知れません。
そのため、売上とか利益とか、自分に直接関係があるところだけ関心を持ち、それ以外

が見えないのです。

ドンブリパターン② 入りと出の関連性に気がつかない

たとえば、スタッフに月々１００万円の給与を支払うためには、それに見合う粗利を生み出さなければ赤字になります。また、借金をしていて月々20万円の返済をするためには、相応の利益を確保しなければなりません。

そのような入りと出の関連性を無視して、給与の支払い方だけに焦点を当てながら「いかにスタッフのモチベーションを高める人事制度を確立するか」などと議論しても、絵に描いた餅に終わります。

「スタッフのやる気を引き出したくてボーナスを積算していくと、とんでもない金額になるんですよね。もし本当にそれだけ払ったら、利益がふっとんで赤字になってしまうから、出すに出せないんです」

それは、**出て行くお金に見合った入金が必要**なわけで、そのつながりとバランスを無視するわけにはいかない、ということでしょう。それをスタッフにも知ってもらうことが必要です。

ドンブリパターン③　正確に知りたがる

完璧主義の人は、会計本を読んだり、税理士に相談する際に、ついつい「より正確に知ろう」と真面目に考えて細部に渡って勉強しようとしてしまいます。すると、枝葉末節と大幹とがごちゃ混ぜになり、かえってつかみどころがなく諦めてしまうのです。

「これもまさに私のことを言われているようですが、大切なところと切り捨ててよいところの区分けがうまくできないのです。全部大切なことのように思えてきて……」

慣れないことを学んだときは、誰だってそうですよ。だからこそ、大幹を一気に吸収し、枝葉末節は後でゆっくり学べばいい、と割り切ることです。

0か100かという極端な議論ではなく、『自分に必要なことをざっくりと理解できればいい』という割り切りも時として大切なことです。

以上の3つの罠に陥らないために、この章ではみなさんに「お金の流れのすべてをつかむ3つの重要な鍵」をお渡しします。それは次の通りです。

■お金の流れのすべてをつかむ3つの重要な鍵

この章を読み進めるにあたり、次の『3つの鍵』を手にギュッと握り締めておいてください。これは、数字の話に限らず、新しい分野のことを学ぶ上で共通して参考になるコツでもあります。

第1の鍵 はじめに全体像を知る

1つ1つの部分を詳しく知る前に、全体としてどういう形をしているのか。それをイメージとしてつかんでしまいましょう。

第2の鍵 入りと出のつながりとバランスを知る

入りと出の関係を知ることで、お金が会社を循環するイメージがつかめます。
はじめに全体像を知り、次に部分を知ることは、それぞれの関連性を理解する上でもとても便利です。

第3の鍵 アバウトに知る（8割の結果をもたらす2割の知識だけを吸収する）

多少の間違いがあったとしても、「要するにこういうことです」と説明できるレベルになることを目指しましょう。それが自分に達成感を与え、自信になります。細かな間違いは後で訂正していけばよいのです。

「この『3つの鍵』を意識しながら、次のページを開けばいいのですね」

そうです。次のページから、この3つの重要な鍵をふまえて、会社の中をお金がどのように流れるのか、その全体像をお話しします。図を描きながら、1つ1つ解説していきますので、簡単に理解できます。今はドンブリを自認しているみなさんでも、20分後には人に説明できるレベルになっていることでしょう。

ただし、1つだけ気をつけたいことがあります。これからの話の中には、【変動費】【固定費】【粗利】など、決算書には出てこない言葉があります。したがって、**ある程度の経理知識がある人はかえって戸惑うかもしれません。**

そこで、次のページに進む前に、一度頭の中をリセットし、真っ白な素直な気持ちで読み進めてみてください。新しい発見がいくつかあると思います。

できることなら、この章は1回目は軽く読み流し、2回目は私と一緒に図を描きながら、3回目は再び読み流すつもりで読むことをおすすめします。

ボリュームにして、約30ページ程度です。では、軽く深呼吸をしてからページをお開きください。では、どうぞ！

■20分間セミナー　自社の収支構造を20分で覚えよう！

今から、お金がどのように入ってきて、どのように出て行くのか、そしてどれだけ残るのか、について、47ページでお見せした図を描きながら、1つずつ順番にお話ししていきます。

これは、西順一郎先生が『戦略会計STRACⅡ』（ソーテック社）でご紹介されているSTRAC表（現・MQ会計表）をもとに、お金の流れの全体をわかりやすく図にしたものです。この図は極めて重要です。これは目をつぶっても描けるくらいになっておきたい図です。

では、改めて、次のページで会社経営におけるお金の流れの全体像を見ておきましょう（図表4）。

POINT

step① 売上高が確保できるところから考えます。

step② 粗利率は商品や事業内容に変更がない限り、通常は毎年ほぼ一定です。

※変動費は売上高の増減に比例して増減します。（商品や材料の仕入、外注費など）

step③ 粗利から固定費を引いたのが利益です。利益を確保するには、固定費を「粗利－利益」以内に抑える必要があります。

※固定費は売上高の増減にあまり関係なく固定的に発生します。よって、売上高が減少すると、自動的に利益は圧縮されます。

step④ 固定費は、人件費とその他の固定費からなります。

※通常、人件費のしめる割合が高く、固定費の半分以上を占める場合が多いです。

step⑤ 利益のうち、1～4割程度を税金として納めます。

step⑥ その他の固定費に組み込まれていた減価償却費は、お金の支出は伴わない費用なので、資金繰りを見るときは、繰り戻します。

step⑦ 税引後利益に減価償却費を加えたもの（本業によるキャッシュフロー）から、設備投資や借入金の返済、次期繰越の資金にあてます。

※実際には、在庫や売掛金・買掛金の増減なども資金繰りに大きく影響を与えますが、図にあらわしにくいため省略しました。

図表4■このページは超重要！　お金の流れの全体図

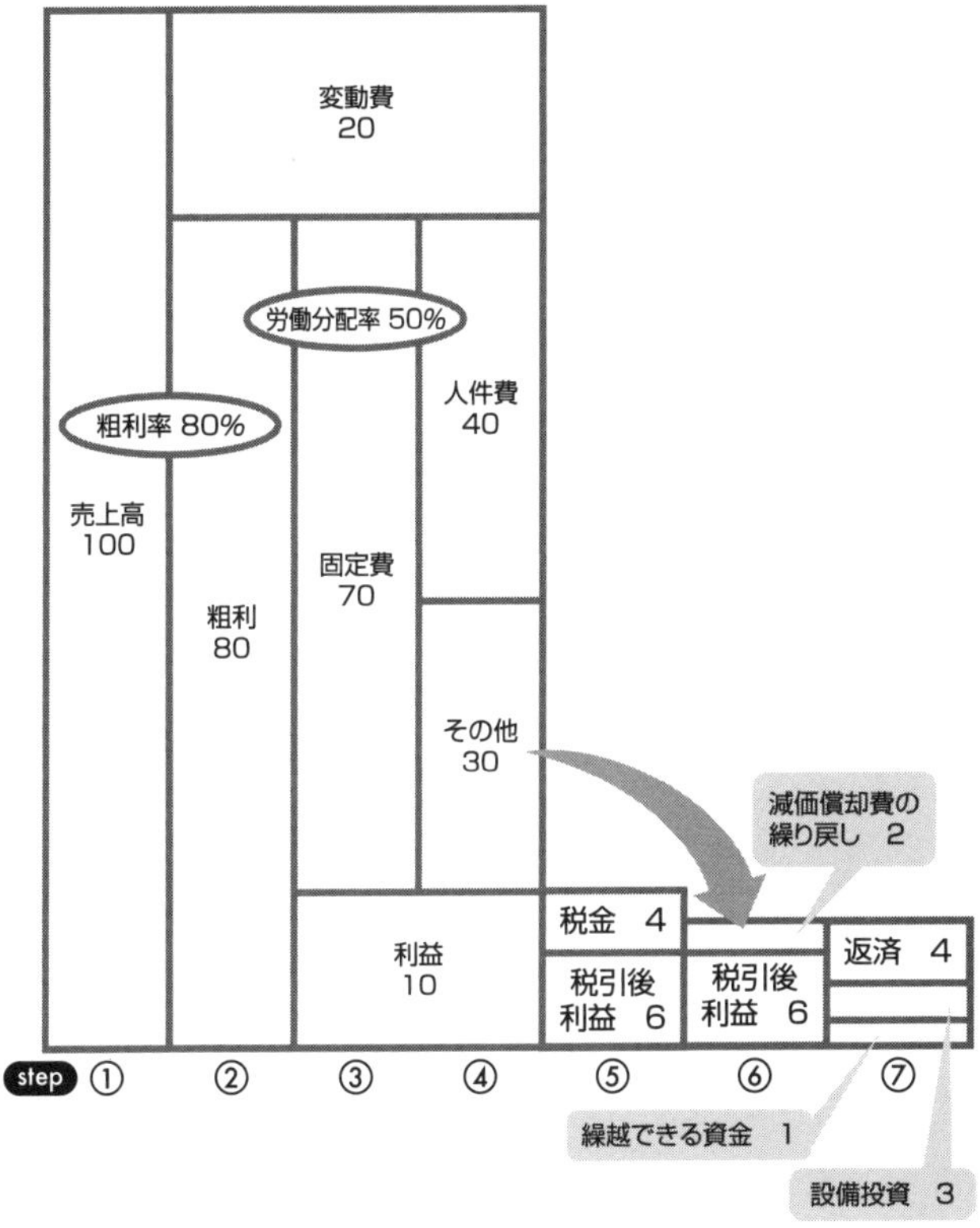

※理解しやすくするため、あえて省略した部分があります

■ 実際に図を描いてみよう

今、この図を見てピンとこなくても心配いりません。この図の意味を理解して使いこなせるようになるために、今から1つずつ、一緒に図を描いていきましょう。白紙の紙を用意してください。

用意ができたら、まず、ノートの左側に長方形を描いてください。

これを、年間の【売上高】とします。数字が入っていたほうがわかりやすいので、ここでは100としましょう（**図表5**）。

次に、その売上を2つに分解します（73ページ**図表6**）。【変動費】と【粗利】です。【変動費】とは、読んで字のごとく、売上高と連動して、増えたり減ったり変動する費用のことです。つまり、売上高が2倍になれば【変動費】も2倍、逆に半分になれば半分になる費用です。

具体的には、どんなものが当てはまると思いますか？

図表5■**最初は売上高から**

まず、左側に長方形を描く。これが売上高をあらわす部分

「材料代ですか？」

そうですね、それもあります。他には？

「外注業者に委託しているフィーも当てはまりますか？」

それも当てはまります。外注加工費といいます。その他、商品売上があれば、当然その仕入も【変動費】です。

「たとえば、ウチは運送会社ですが、売上高が移動距離と比例するので、ガソリン代や高速道路代なども【変動費】と考えればいいですか？」

その通り。つまり、【変動費】は業界によっても違いますが、一般には「材料費」「外注加工費」「商品仕入」などのことをいいます。ここでは【変動費】を20としましょう。

図表6■売上高を2つに分解する

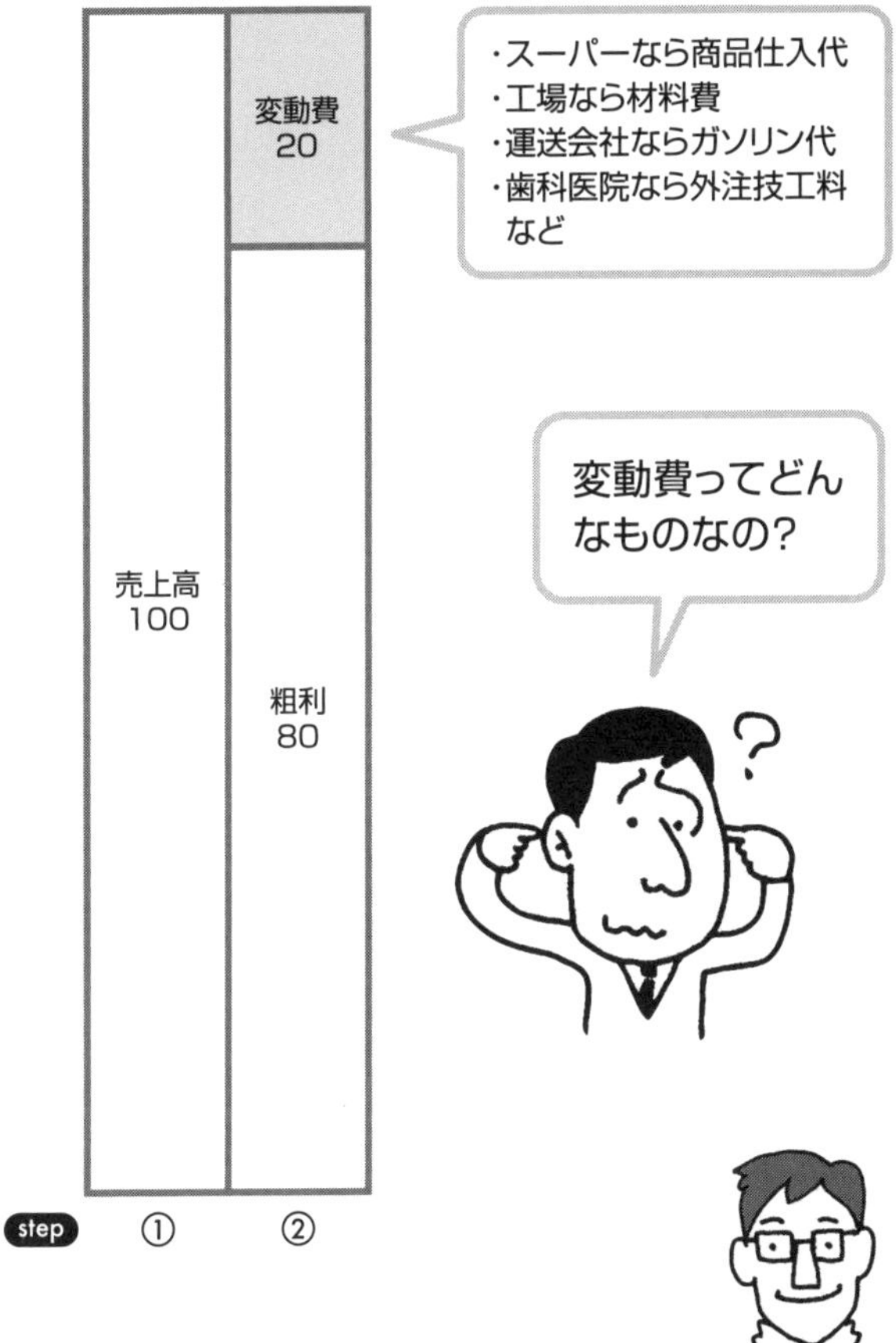
変動費
20
売上高
100
粗利
80
step ① ②
・スーパーなら商品仕入代
・工場なら材料費
・運送会社ならガソリン代
・歯科医院なら外注技工料
など
変動費ってどんなものなの?
?

売上高を変動費と粗利に分解する。変動費には何が含まれるだろうか

■売上は実は「見せかけの収入」だった！

売上高から変動費を差し引いた残りを【粗利】といいます（**図表7**）。売上100から変動費20を引くと80です。この【粗利】は、売上以上に重要な数値です。

「え、どうしてですか？　売上のほうが重要なんじゃないですか」

売上として入ってくるお金のうち、変動費分はヨソに素通りして出て行ってしまいます。だから、実質的に会社に入る収入は、売上高ではなく【粗利】なんです。

ちなみに、売上高に対する【粗利】の割合のことを【粗利率】といいます。

通常、コンサルタントや歯科医院、美容院などのようにサービスを提供する業種の場合、70～90％と高めの【粗利率】になり、商品を仕入れてそれを販売する小売業の場合、20～50％、卸売り業の場合、20％以下と低くなります。

図表7■**重要なのは粗利**

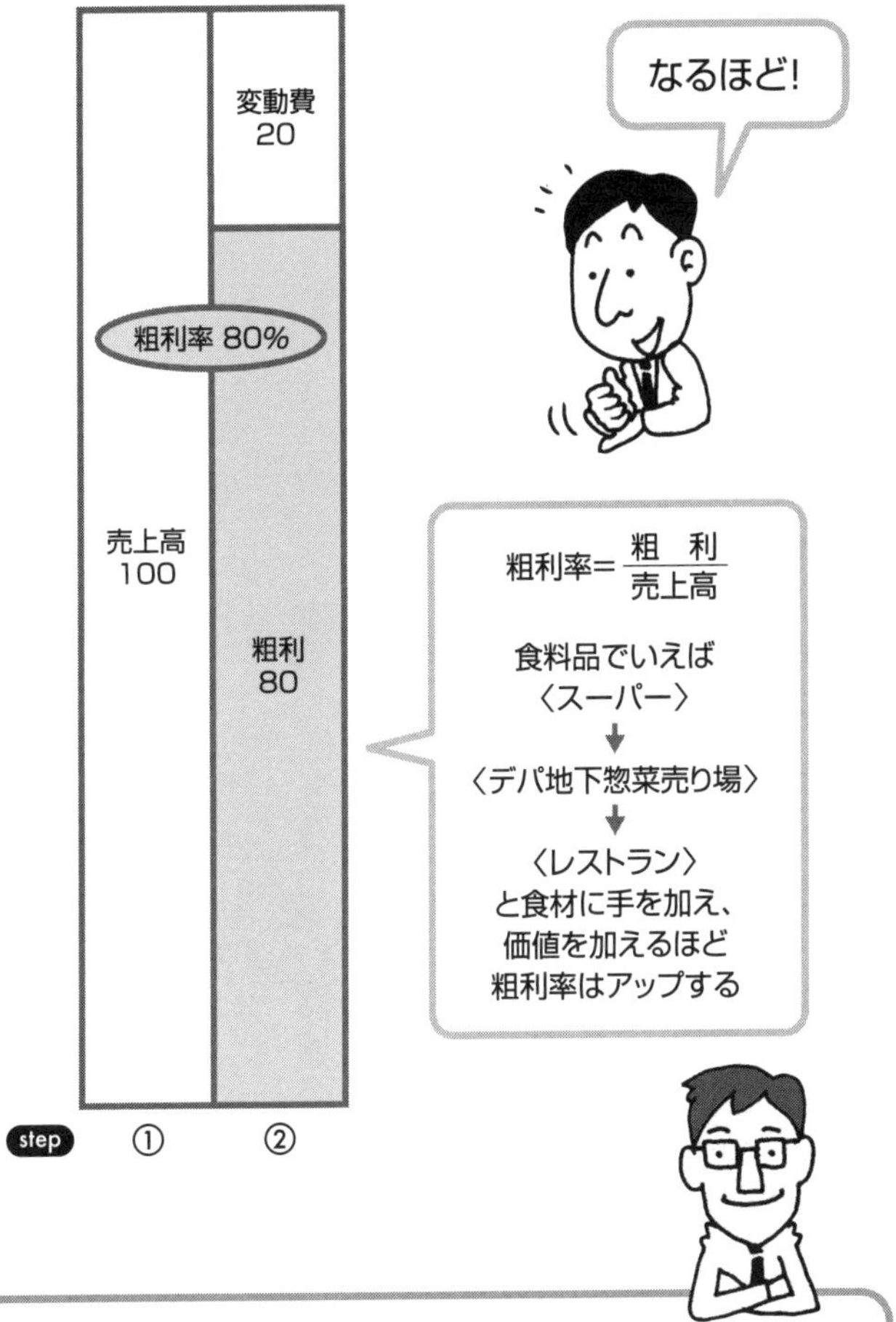
変動費
20
粗利率 80%
売上高
100
粗利
80
step
①
②
なるほど!
粗利率＝粗　利／売上高
食料品でいえば
〈スーパー〉
〈デパ地下惣菜売り場〉
〈レストラン〉
と食材に手を加え、
価値を加えるほど
粗利率はアップする

売上高から変動費を引いた残りが粗利。これが会社の実質的な収入となる

この【粗利率】は高ければ高い程、会社の実質の実入りが大きいことになるので、好ましいと言えます。

「では、【粗利率】をいかに高めるか、が大切なんですね」

そうです。そのためにはサービスを追加したり、クオリティアップを図ったり、という経営努力が必要です。一方、【粗利率】を引き下げるのは簡単です。値引きをしたり、価格競争に巻き込まれると、あっという間に粗利率は低下しますから。

■──コストには、売上と連動するものとしないものがある

次に、粗利を2つに分解します。【固定費】と利益です（図表8）。ここでは【固定費】70とします。

【固定費】は、先ほどご説明した変動費と反対の性質の費用と考えてください。つまり、売上高が増えても減っても、基本的に変わらず固定なので、【固定費】といいます。

図表8■粗利を2つに分解する

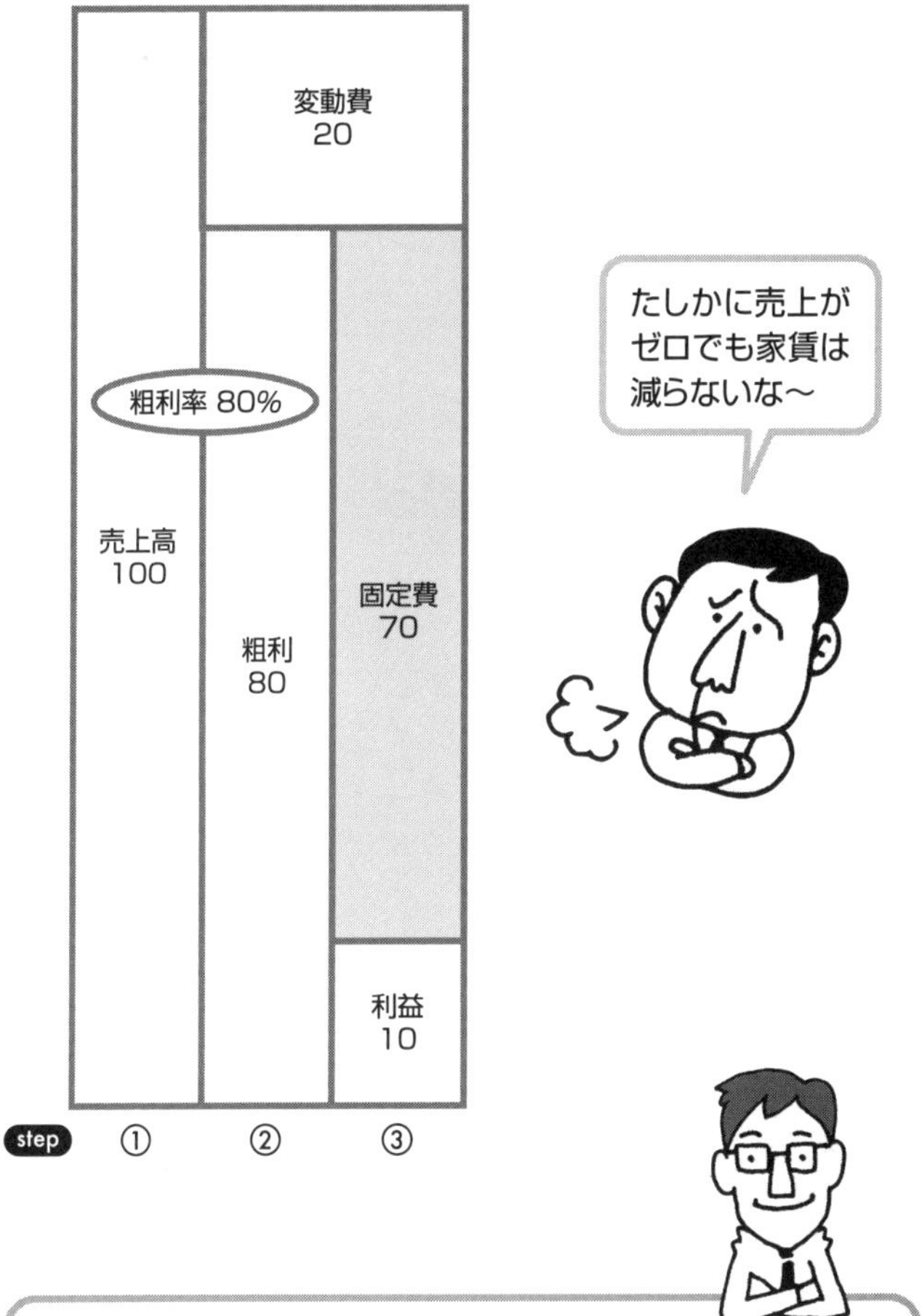

売上高の増減に関係なく発生するのが固定費。固定費には何が含まれるだろうか

具体的に【固定費】には何があるか、わかりますか？

「事務所の家賃ですか？」

そうですね。他には？

「コピー機やコンピューターのリース代もそうですよね。それから、スタッフの給料も【固定費】ですか？」

そうですね。成果連動型の歩合制であれば別ですが、通常、スタッフに支払う給料は毎月一定ですよね。その他にも、水道光熱費とか事務用品費、保険料などいろいろあります。変動費以外の費用はすべて【固定費】と考えてよいでしょう。

ところで、ここでは固定費を大きく2つに分けて考えましょう（**図表9**）。【人件費】と【その他の固定費】の2つです。ここでいう【人件費】には、社長の生活費

図表9■固定費を2つに分解する

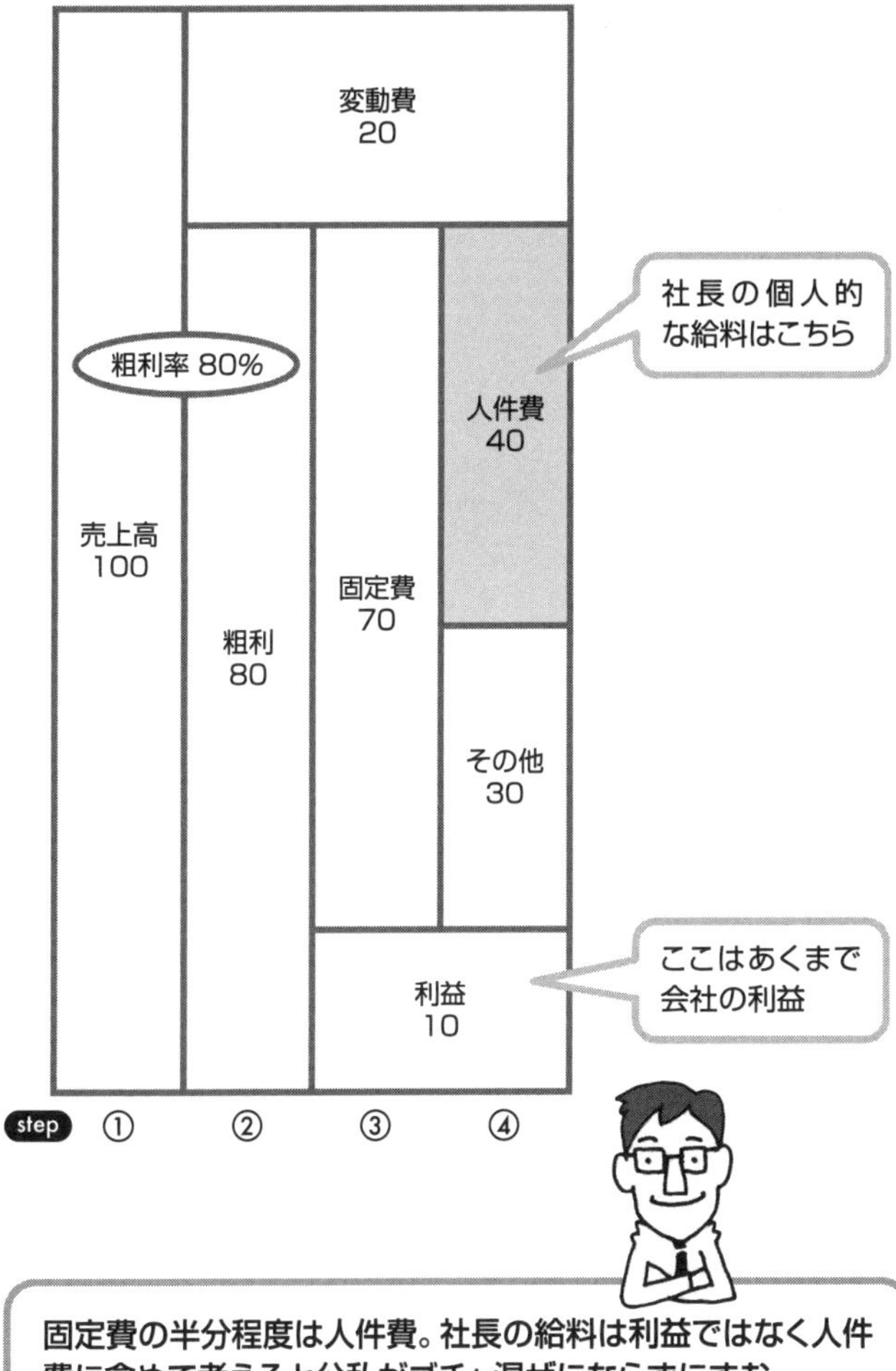

固定費の半分程度は人件費。社長の給料は利益ではなく人件費に含めて考えると公私がゴチャ混ぜにならずにすむ

も含めて考えます。そうすると、多くの場合、固定費の半分程度は【人件費】になるでしょう。

ちなみに、決算書上のルールでは、個人事業の代表者の給料は、「可処分所得」として「利益」に含めて表示されます。

しかし、**ドンブリから脱出するには、会社の利益と社長個人の給料は分けて考えることが重要です**ので、決算書のルールはここでは忘れて、社長の個人的な給料はすべて【人件費】に含めると考えてください。

ここでは【人件費】を40とします。

ところで、この人件費について、1つ重要な指標があります。**粗利のうち労働に対してどれだけ分配しているかを示す指標で、【労働分配率】といいます**（図表10）。

この図では、粗利80に対して人件費40なので、50％です。この比率が低ければ低いほど、会社としては生産性が高い（つまり、少ない人件費で多くの粗利を生み出している）と言えます。

図表10■労働分配率とは?

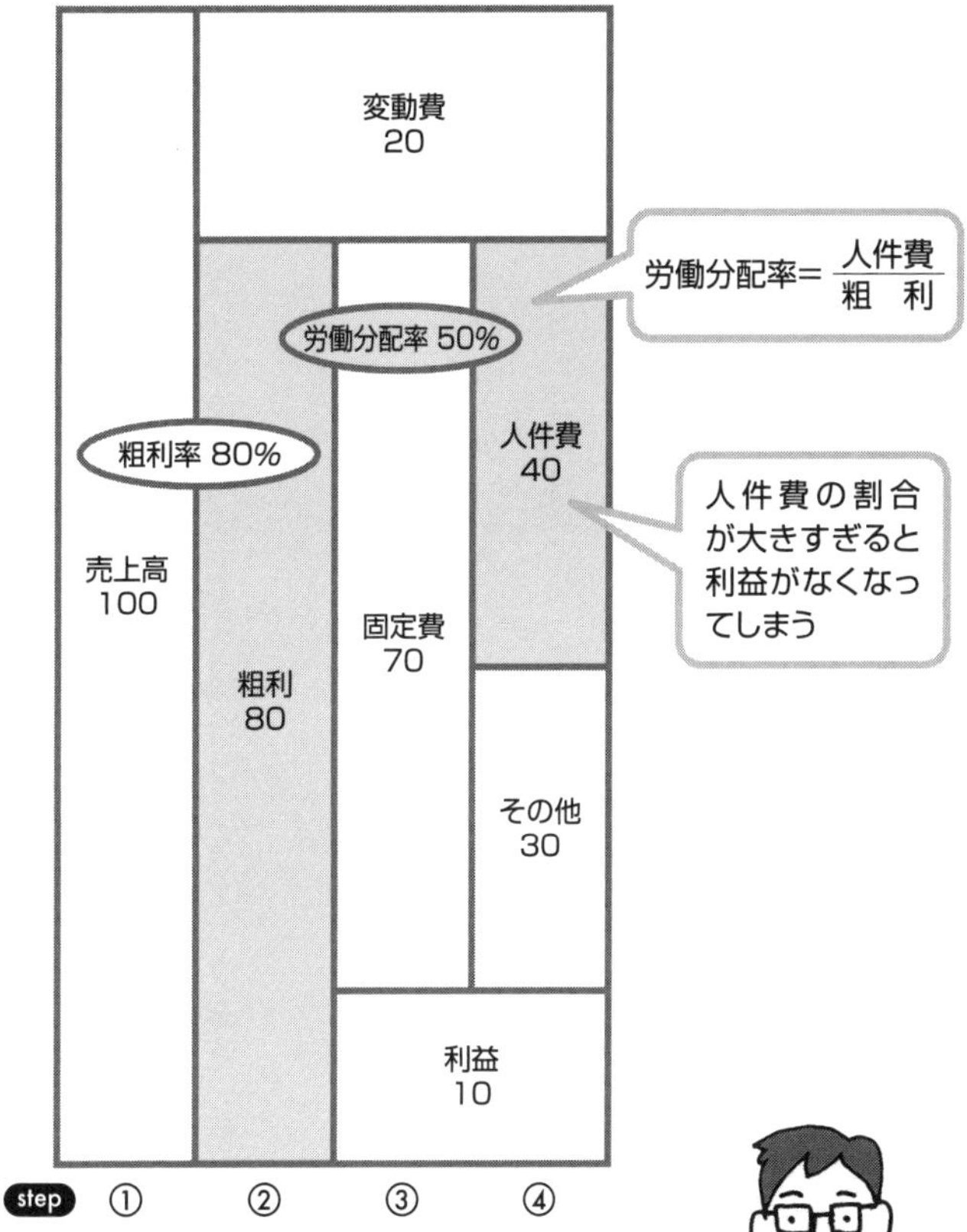

人件費が適性かどうかは、労働分配率を見てチェックしよう
（☞ 140ページ）

「では、【労働分配率】が低ければ低いほど、よいのですね？」

そうです。ただ、これが極端に低過ぎる場合は、スタッフを安い給料で酷使していないかと振り返ってみましょう。

「こんなに会社に貢献しているのに、なぜ私たちの報酬はこんなに低いんだ!?」と不満を抱いてはいないでしょうか？

その場合はスタッフの働きがいを考えて、もう少しボーナスで還元してあげるか、人手を増やしてもよいかも知れません。

【労働分配率】の適正値は、会社の規模や業種、借入の返済額などによって、当然違うので、唯一絶対の正解はありません。

誤解を恐れずに言えば、**ちゃんと必要な利益が出ていて、経営がうまくいっているのであれば、そのときの労働分配率が適正値**なのです。つまり、**「わが社では、必要な利益を確保するには、労働分配率は何%が適切かを知る」**ことが重要です。

ただ概算で目安を知りたい人には、「40％台なら優良、50％台ならまあまあよし、60％を超えると利益が出にくい収支構造です」と私はお伝えしています。

■「利益はなぜ必要か?」を知らない社長の悲劇

そして、粗利から固定費を引いたものを、一般に【利益】といっています。粗利80から固定費70を引くと、【利益】は10です。

「私はときどき『ウチの【利益】は○○ぐらいだ』とか『【利益率】は○○％高まっている』と言っていましたが、どうも粗利や粗利率のことをいっていたようです」

そのように曖昧な言葉を使っている経営者は意外と多いですよ。でも、【利益】というのは、粗利から固定費を引いたものをいいますので、ご注意を。

「ウチの社員で、『【利益】をたくさん出しても、結局社長のポケットマネーになるんでしょ?』と勘違いしている者がいて、びっくりしました。私が私財を会社に投入してまでボーナスを払っているとも知らずに……」

ああ、それは社長としては歯がゆい発言ですね。ただ、社員は会社のお金の流れについて教わったことがないので、そういう勘違いをしている人は少なくないようです。

ちょっとお尋ねしますが、**なぜ【利益】は必要なんでしょうか?**（図表11）

「それは、会社を継続させるために必要なものでしょう!?」

確かに、一般にはそう言われていますよね。では、あえて聞きますが、**なぜ会社を継続させるために【利益】が必要なのでしょうか?**

「そうやって改めて質問されると……。まあ、将来の事業資金として会社に残しておかないといけないからだと漠然と思っていましたが」

図表11　利益が必要な本当の理由は？

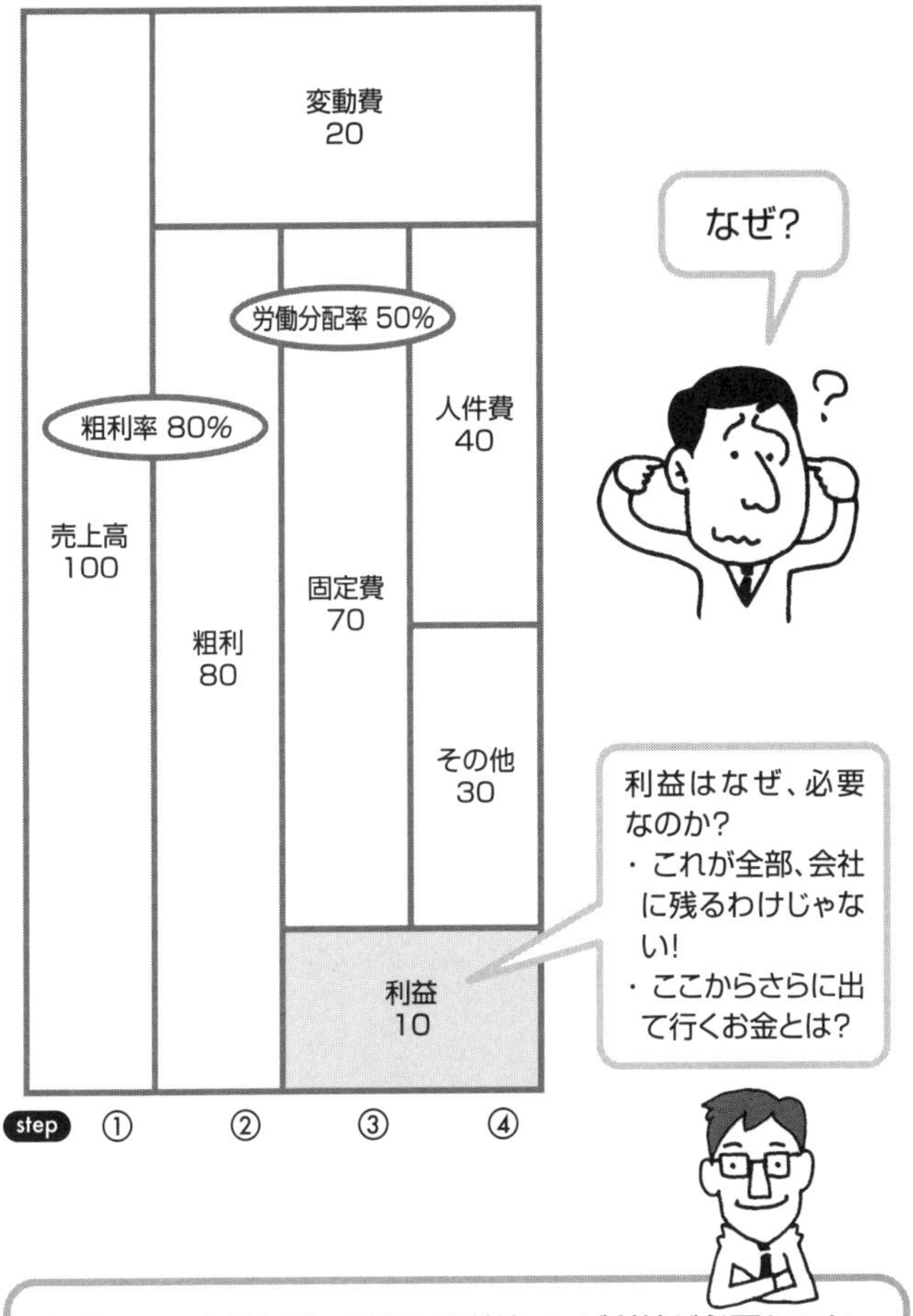

粗利から固定費を引いた残りが利益。なぜ利益が必要なのか、ここで考えてみよう

そうですね。将来的に大きな投資をしなければならない場合、毎年一定額を貯蓄していくことも大切です。では、設備投資のかからない事業の場合、どうでしょうか。貯蓄が必要ないから、【利益】はゼロでもよいのではないですか？

「う～ん、そう言われると、そんな気がしてきます。ちなみに、私の会社は昨年度は収支トントンでした。とはいえ、一応わずかながら黒字だったのですが、資金繰りはかなり苦しい感じがしていました。これは、どうしてでしょうか？」

そこにヒントがあるようです。つまり、【利益】がすべて会社に残るわけではなく、そこからさらに出て行く支出があるということですね。次ページのコーヒーブレイクをはさんで、次にその話をしていきましょう。

■――コーヒーブレイク　復習タイム

ここまでで、会社を流れるお金の流れの全体像の80％を理解しました。ここでコーヒーでも飲みながら復習してみましょう。まず、85ページの**図表11**を暗記してください。

「え、暗記ですか！　まあ、簡単な図だから、覚えられると思います」

自信あり気ですね。では試しに白紙の紙を用意して、実際に描いてみましょう。制限時間1分間です。できたら、四角の中に科目名も書いてくださいね。

「あれ、違っていました。わかっているつもりで、意外と描けませんね」

まず、ここまでは今、暗記しておきましょう。その効果は後で必ず実感できますよ。

残った利益からさらに出て行くお金とは？

さて、話を戻しましょう。【利益】がすべて会社に残るわけではなく、そこからさらに出て行くお金があるということでしたね。さっそく続きに入りましょう。

図では売上高から変動費や固定費が差し引かれ、利益10が残りました。この利益10は、そのまま会社の預金残高に上乗せされると思いますか？　それとも、他にもお金の支出があるでしょうか？（図表12）

「何かあるような気がします。でも、変動費も固定費もすべて出ましたよ」

その通りです。つまり、経費と見なさない支出があるか、ないか、ということです。

「そうか、利益があれば、【税金】を払いますよね！」

図表12■**残った利益から出ていくもの**

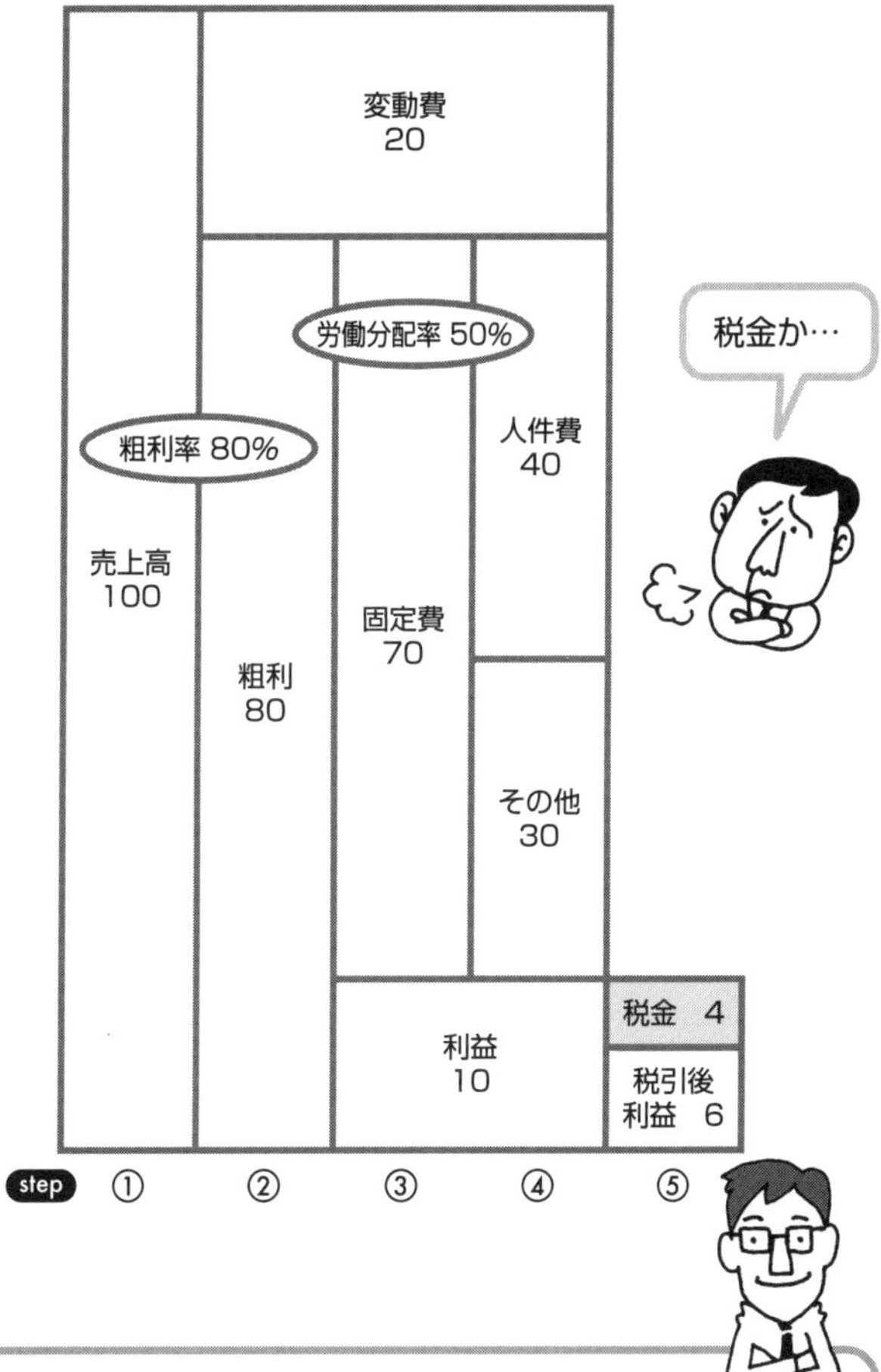

利益が出れば、そこには当然、税金がかかってくる

正解です。したがって、次の図のようになります。

ここでは、税率が約40％として、10のうち4を【税金】（所得税あるいは法人税）としておきましょう。自社の【税金】を知りたい場合は、顧問税理士に確認すれば教えてくれます（なお、個人事業の場合、ここで説明するところの社長の報酬と利益の合計に対して、所得税がかかります）。

ここで少しだけ難しい話をします。税引後利益が6となっていますが、実はキャッシュフロー（現金）ベースでいうと、もっとお金が手元に残っているのです。

それは、【減価償却費の繰り戻し】といいます。「その他の固定費」の中には、設備投資をした際に発生する【減価償却費】という費用があります。これは、実はお金の支出を伴わない費用なのです。したがって、キャッシュフローを見る際は、一度費用として「その他の固定費」に計上していた【減価償却費】を繰り戻して、税引き後利益に加える必要があるのです（**図表13**）。

図表13■**減価償却費に注意!**

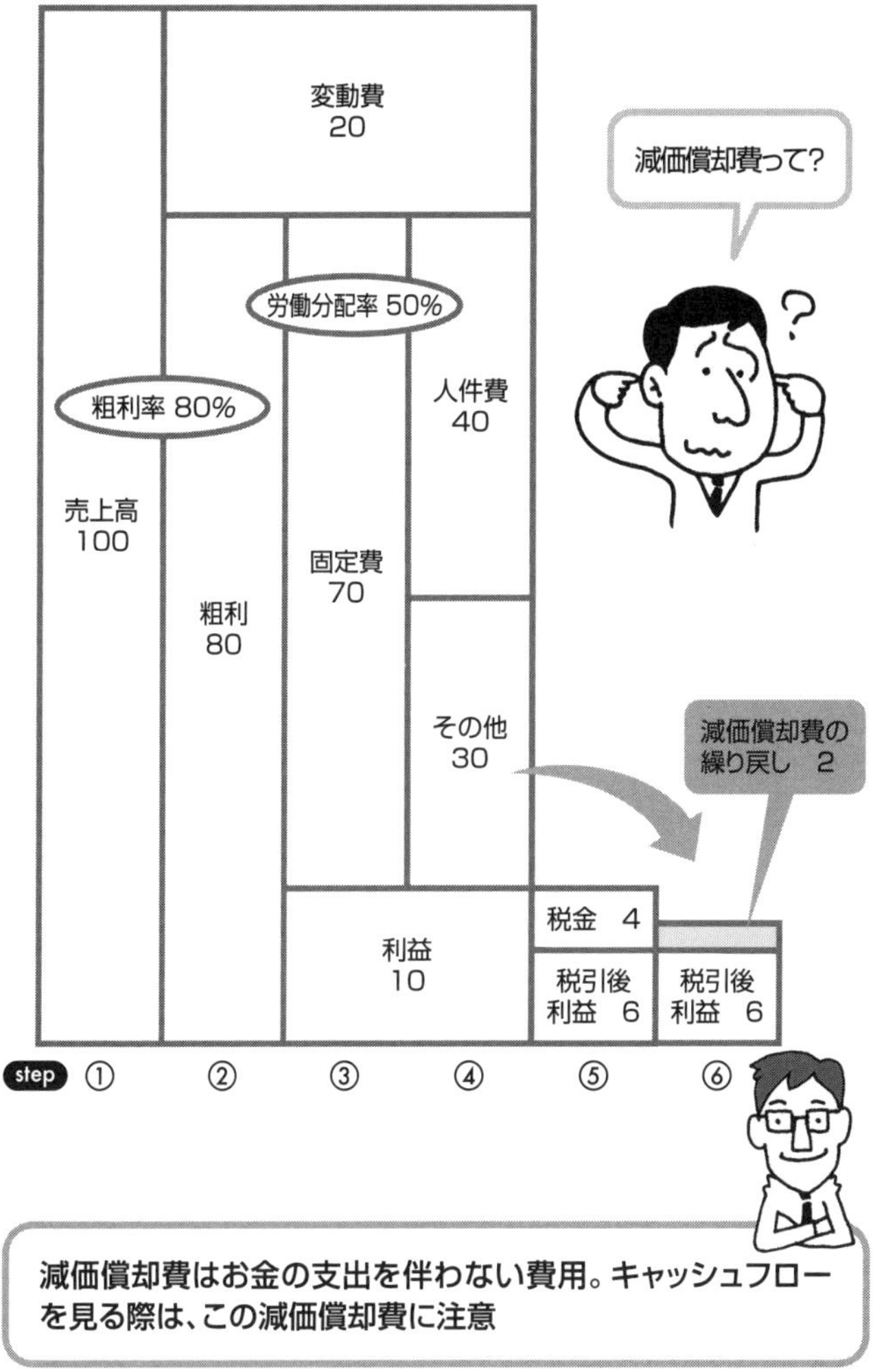

減価償却費はお金の支出を伴わない費用。キャッシュフローを見る際は、この減価償却費に注意

「え？　意味がよくわからないのですが……」

そうですよね、これはちょっとわかりにくいところです。だから、ここでは理解できなくても、全然気にしないでください。ただ、もう少しだけ説明をしておきましょう。

例えば、3年前に300万円の車を事業用に購入したとします。

税法上、一定額以上の備品は資産扱いになりますので、300万円を丸ごと経費に計上することはできません。また、車はその購入した年で使い切るものではなく、何年にも渡って使うものですから、経費ではなく、資産として扱うのです。

この点は理解できますか？

「はい、それはわかります。」

そして、車の法定耐用年数は6年と決まっていて、つまり大雑把に言うと「6年で使い切ることを前提に、購入金額の6分の1を毎年経費として計上してよい」とされているのです。よって、1年に50万円ずつが経費となります。

「すると、どうなるのでしょうか？」

すると、固定費が50万円分増えますよね。その分、利益は50万円減ります。税金は利益の大きさに応じて決まるので、利益が減れば、税金も減るわけです。

そして、税金を引いた後に、税引後利益が会社に残るわけですが、3年前に買った車の【減価償却費】は、「お金の支出が伴わない経費」だと言った通り、本当にお金が減っているわけではないので、ここで繰り戻してやると、そこで本当に会社に残るお金がわかるのです。

「なるほど、なんとなくわかりました。」

ここでは、その程度の理解で十分です。もしよくわからなくても、ここでは大きな問題ではないので、読み流していただいても結構です。

今回の図では、減価償却費を2としたので、税引後利益6と減価償却費2で合計8が【本業で得られるキャッシュフロー（現金の入り）】となります（図表14）。

「なるほど～、利益が出て終わりかと思ったら、それ以外にもいろんなお金が出入りするのですね」

でも、お金の流れの話はまだ終わりではないのです。

「え、まだ支出があるのですか？」

借金がある場合、その【返済】が必要です。業種によってどれだけ借金をするかは違いますが、設備投資を必要とする会社は多くの場合、事業をはじめる時に銀行から借入をします。本業での儲けから税金を払い、そこから銀行への借金の元本の【返済】をして、さらに設備投資をした上で、さらに残ったお金が来年に繰越できる資金となります。

図表14■本業で得られるキャッシュフロー

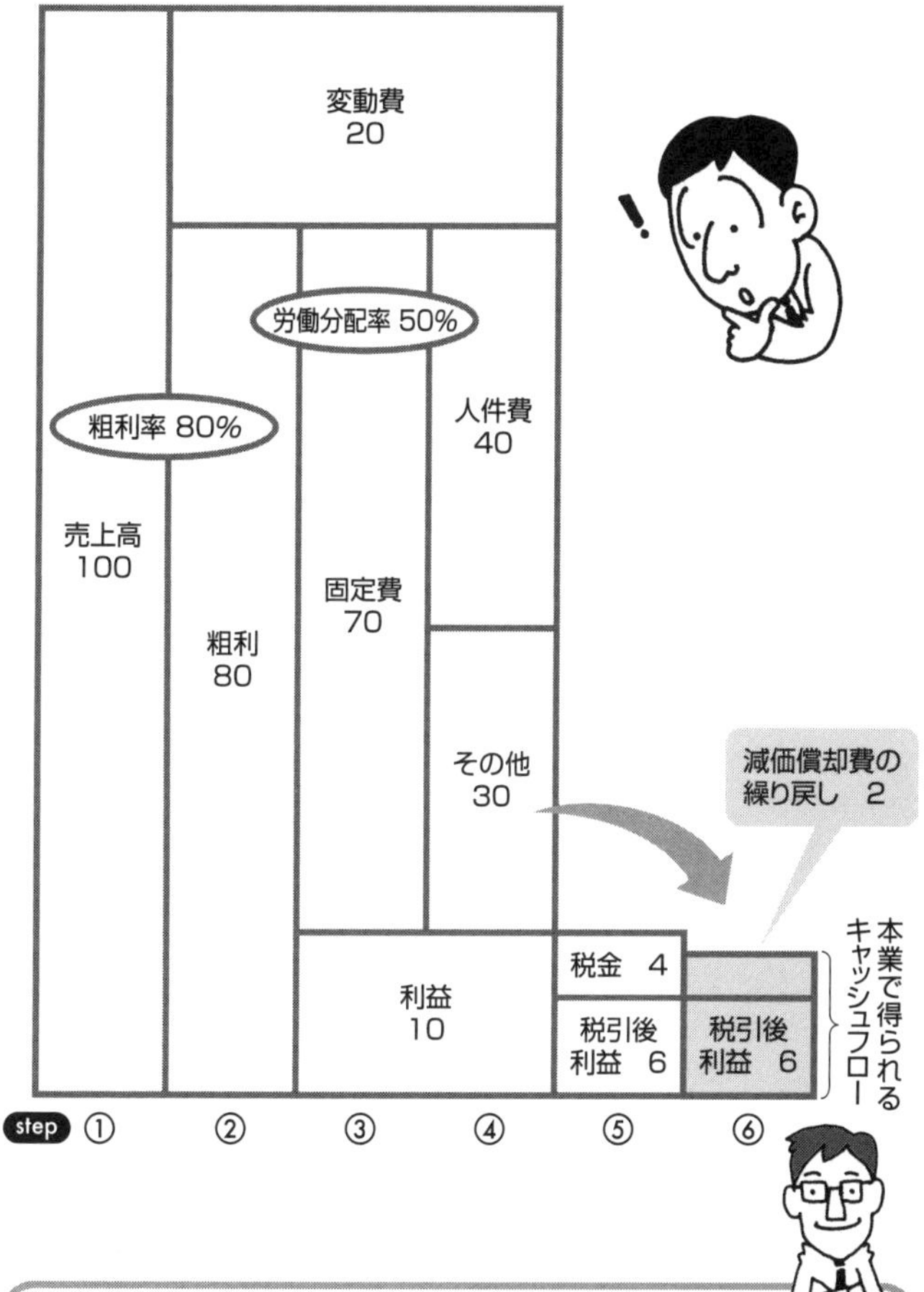

本業で得られるキャッシュフローは税引後利益に減価償却費を加えたものになる

「ちょっと基本的な質問をしたいんですけど……。借金は、税金を払った後にしか払えないんですか？　経費と同じように考えていたんですが。」

実はそういう誤解をしている人は決して少なくありません。

借金をした場合、元本（借りた借金そのもの）と、それにかかる利息を支払う必要がありますね。この支払利息は経費（固定費）となります。しかし、元本自体は経費ではなく資産の移動であって、税引後利益から支払うことになるのです（図表15）。

「すると、もし利益が出なかったら、返済できない、ということ？」

そう考えて間違いありません。もっとも、減価償却費の繰戻しがあるので、仮に利益がゼロでも減価償却費が年間４００万円あった場合、その会社は年間４００万円までの返済はできることになります。

ただ、本質的なことを言うと、減価償却費というのは今使っている設備資産の価値が減

図表15■借金の元本は税引後利益から返す

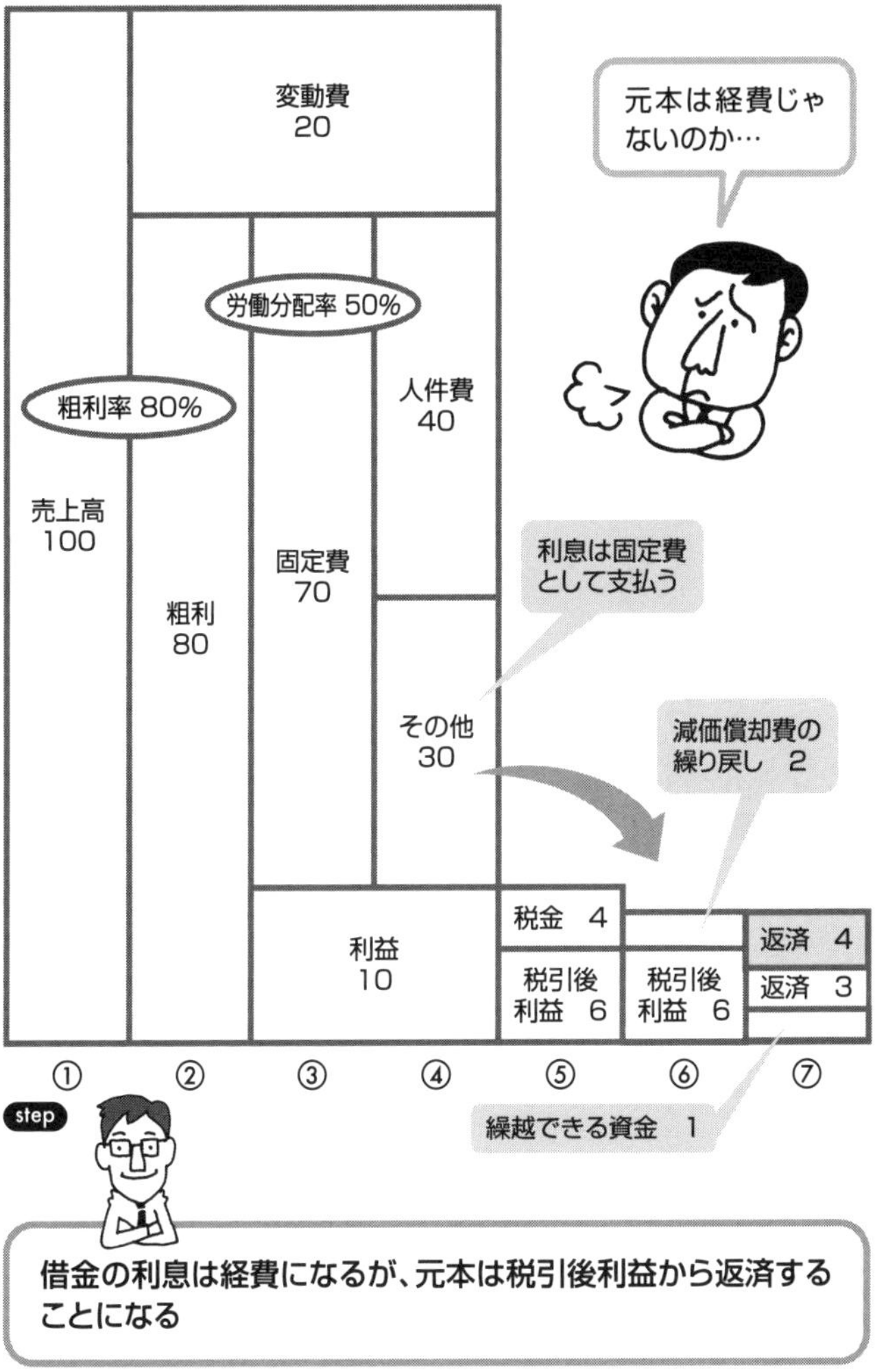

借金の利息は経費になるが、元本は税引後利益から返済することになる

っている分を経費にしているわけです。だから本当はちゃんと貯蓄しておいて、その資産価値がゼロになった時に、新しい設備投資ができる余力を蓄えておかないといけないのです。この発想は長期的なスパンでキャッシュフローを見なければ気がつかないので、多くの経営者があとになってあわてるところです。

「すると、本当なら、減価償却費の繰戻し分は、定期積立をして貯めておいて、それに頼らなくとも返済できる力をつけていく必要があるということですね」

そうです。そこまで余裕を持ったプランを立てられるかどうかは別として、それくらいの基準で考えておくと万全です。

「それにしても、こうやって図にして見ると、会社の中でお金がどう流れているか、一目瞭然でよくわかりますね。しかし、100の売上が、最終的にはたったの1になるなんて……。（なかなかお金が貯まらないはずだ）」

さて、今回はわかりやすさを最優先するため、【在庫】や【売掛金】の増減についてはあえて図に表現していませんが、これらが増えると本業で得られるキャッシュフローは減少します。よって、「利益があるのにお金がない」という場合、過剰【在庫】や【売掛金】の回収遅れなどもチェックすることが大切です。

また、税引き後利益からは本当は【株主への配当金】や【役員賞与】が発生する場合がありますす。しかし未上場の中小企業の場合、節税効果を考えてその形では報酬を受け取らないケースが多いので、あえて省略しました。

さて、ここまででお金の流れの全体像を把握することができました。
プロローグでお話しした、キャッシュフロー経営の3つの定義を覚えていますか？

①お金に目的別に色をつける
②お金の入りと出のバランスを考える
③逆算思考で目標を決める

この3つでしたね。実は、この章でお伝えしたことが、1つめの**「お金に目的別に色をつける」**ことなのです。

「支出」と、ひとくくりにしていたものを「変動費」と「固定費」に分け、さらに「固定費」を「人件費」と「その他の固定費」に分けました。さらに、「税金」や「返済」など、経費ではない支出もありました。このように**目的ごとに色わけして区別することで、具体的にお金の使い方について対策を立てられるし、予算も組みやすくなる**のです。

（なお、この章の内容をさらに理解したい人のために、私がレクチャーした肉声をホームページ上でお聴きいただけます。本書を片手にどうぞ。http://www.wani-mc.com）

代表的なお金の構造4パターン

実はこのことがわかっただけで、みなさんは他の経営者より一歩リードしたと言えます。なぜなら、**自社の決算データの数字をこのお金の流れの全体図に当てはめてみることで、課題がはっきりし、改善すべきポイントが客観的につかめる**からです。

「具体的には、どうやって改善すべきポイントがわかるのですか?」

お金の構造には、大きく分けて4つのパターンがあります（103ページ図表16）。

パターンA——返済可能な利益が出ている
パターンB——利益は出ているが、返済するには不十分
パターンC——粗利＜固定費（人件費が過剰）で、赤字である
パターンD——粗利＜固定費（その他の固定費が過剰）で、赤字である

この図の中で、みなさんの会社のお金の構造は、どのパターンに近いか、確認してみましょう。

パターンAは、とりあえずお金の面での大きな問題はありません。

パターンBは、利益は出ているものの、借入金の返済をする上で不十分です。返済計画の見直しや利益をアップさせる策をいろいろな角度から考える必要があります。

パターンCとDは、共に赤字なので問題です。

パターンCは、人件費が過剰であり、人件費に見合った粗利をいかに生み出すかを考えるか、あるいは余剰人員の削減、過剰報酬の見直しなどを行ないます。

パターンDは、その他の固定費が過剰です。リース料や減価償却費など、設備投資に伴う支出が多く、それに見合った粗利を稼げていないので、粗利アップ策を考えなければなりません。あるいは、広告宣伝費が過剰になっているのであれば、費用対効果を考えた販売促進策を練り直す必要もあるでしょう。

かなりおおざっぱな見方ではありますが、とりあえずは自社の現状についてこのぐらいおおまかにつかんで、その次のステップで具体的なことを調べていけばよいのです。

図表16■典型的なお金の構造4パターン

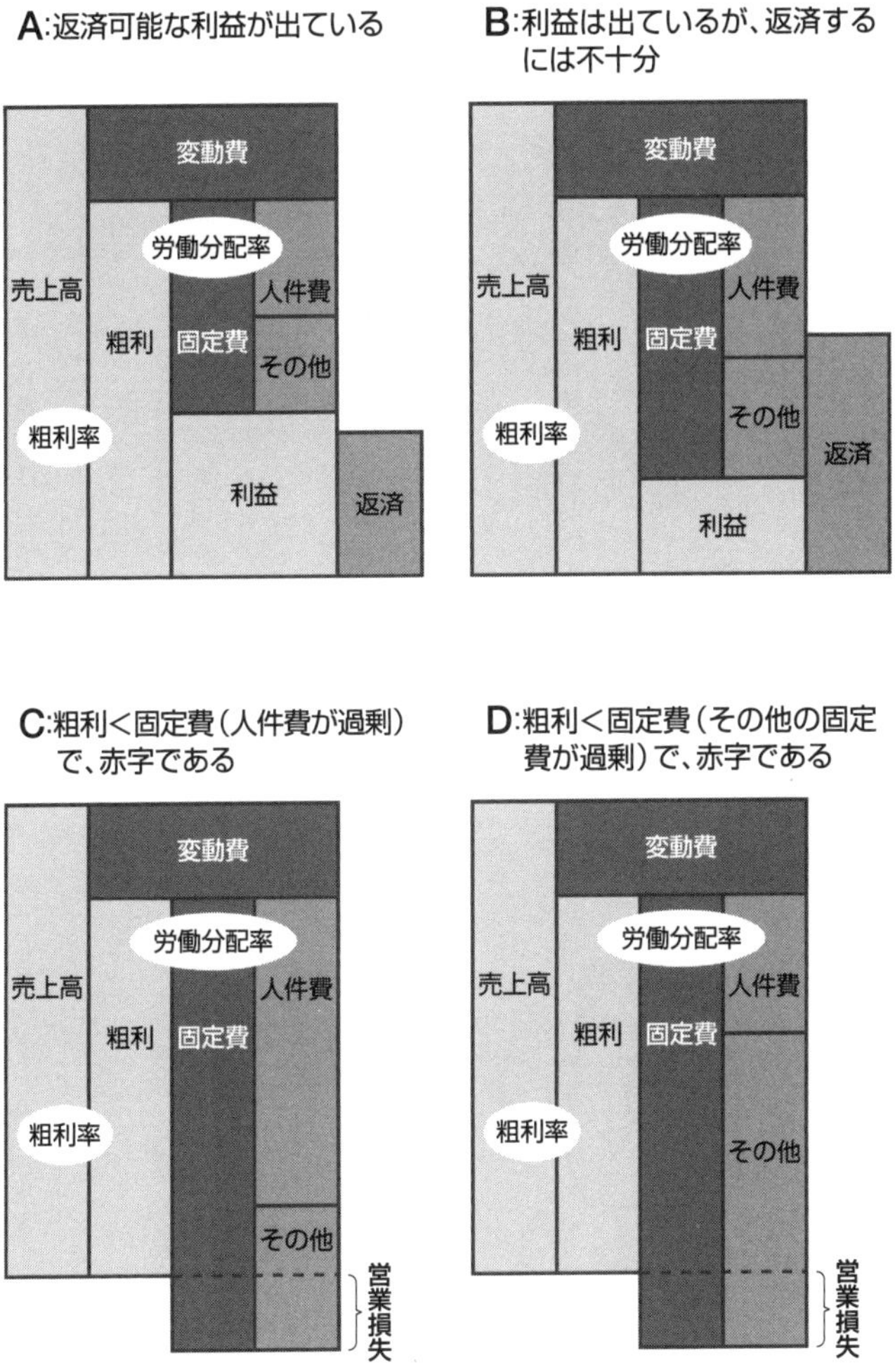

ところが実際には、この程度のことすら把握できていない社長が多く、先ほどお話しした通り、漠然とした不安の中で立ち止まっているのです。

ここで、20分ほど時間をとって、ちょっとした演習をやってみましょう。

左ページの**図表17**に、実際の決算書の数字を入れてみてください。おおよその状況を把握するだけでも、1つや2つは発見があるものです。何度も数字を書き直して利用したい人は、私のホームページ（http://www.wani-mc.com）からA4サイズのワークシートがダウンロードできますので、ご利用ください。

それでは、ストップウォッチを用意して、どうぞ。

図表17■実際に数字を入れてみよう

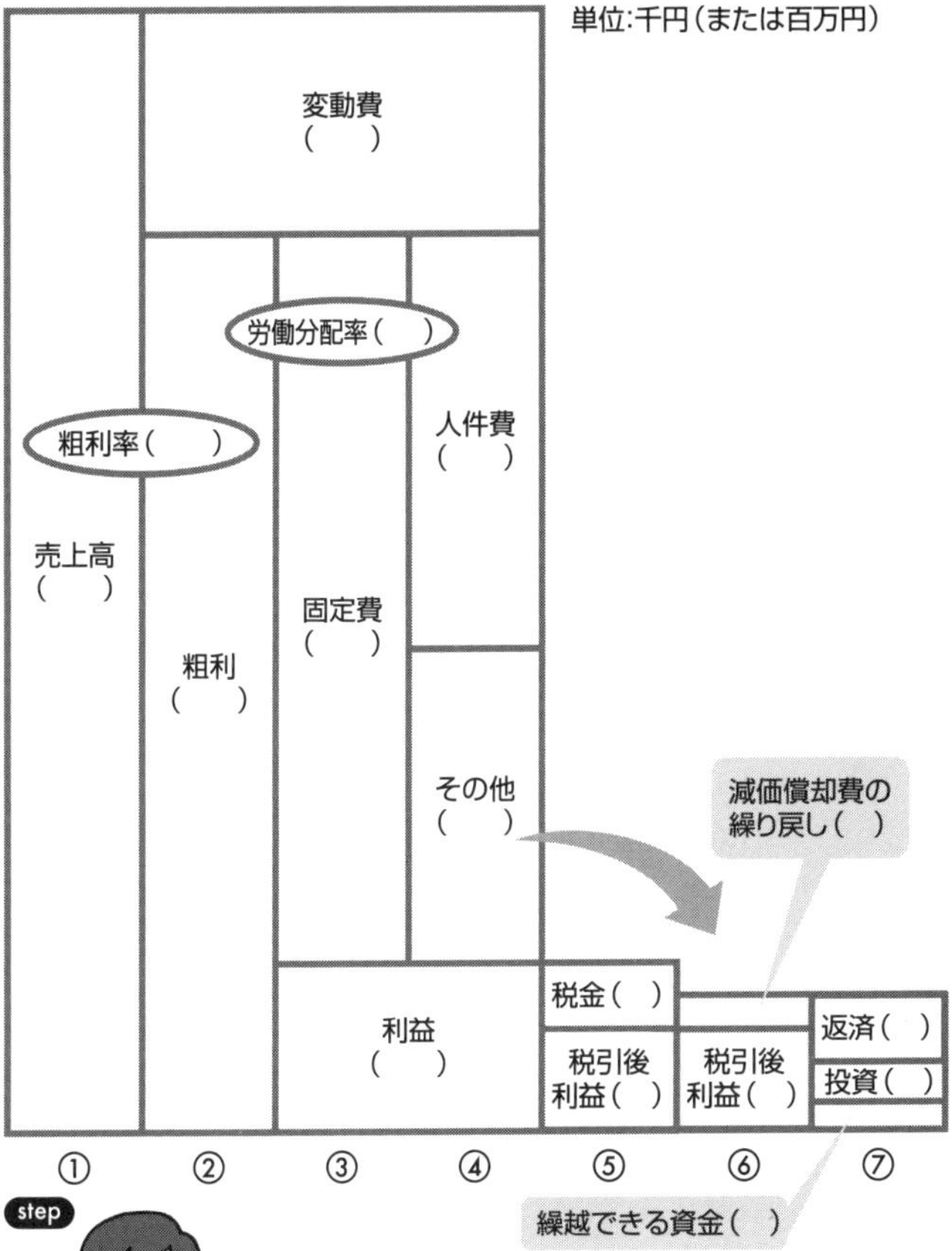

COLUMN

「お金がない」というウソの暗示にかからない！

「儲かっていますか？」

「いや～、苦しいですよ。おたくはどうですか？」

「私のところも、全然『お金がありません』よ」

経営者同士の会話で、このようなセリフを聞いたことあります。ところで、彼らの会社には本当に「お金がない」のでしょうか？　もし本当に『会社にお金がない』としたら、会社は倒産しています。つまり、のん気に話している場合ではないはずなのです。

では、「お金がない」とは実際にはどういう意味でしょう？

そこで、「お金がない」状態を、余裕のある状態から余裕のない状態まで7段階でランク順に並べてみました。

①本当はかなり儲かっているのだが、あまり目立つと税務署やセールスがやってきてお金を持っていかれるので、表向きの顔として「お金がない」

②今年の売上目標が未達のため、予定額と比べると、それほどは銀行に「お金がない」

③欲しいモノがあるのだが、それを買うのに十分な「お金がない」

④儲かっている同業他社と比べると、わが社は「お金がない」

⑤いつも資金繰りに追われ、金策にエネルギーを消耗しているため、感覚的には「お金がない」

⑥今月の社員の給与を支払うための「お金がない」

⑦今日、期日がくる支払手形の「お金がない」

このような例を1つとっても、私たちがいかにあいまいな言葉を使っているかがわかります。言いかえれば、**正確な言葉を使うと、対策をそこに見い出せる**のです。

たとえば「営業マンを一人採用したいのだけど、そこまでの『お金がない』」と思っている場合、本当に採用したいのならば、粗利をいくらアップさせれば利益を圧迫しないのか計算すればすむことです。そして、仮に月100万円以上の粗利アップで営業マンを一人採用できるなら、増員によっていかにそれを実現させるかに知恵を絞ればいいのです。

たとえば、「トップ営業マンのデスクワークや周辺業務を当面は新人に任せることで、トップ営業マンにプラス100万円分の働きをしてもらえそうだ」と判断するなら、採用は可能かもしれません。

あいまいな言葉を使い続けている限り、「お金がない」という抽象的でマイナスな暗示を自分にかけてしまうのです。自分に投げかける言葉は、無意識のうちにみなさんの思考をコントロールしていきます。正確な表現を使って、早くそこから上のステージに上がれるよう前進しようじゃありませんか!

第2章

儲けを倍増させるための3つのモノサシ

RANK A
気軽に読もう

RANK B
少し集中して読もう

RANK C
全力で読もう

経験や勘も大切だけどモノサシがあると全然違う

ここまでに、お金の流れの全体像を把握しました。今からみなさんにお伝えしたいことは、「入りと出のバランスを考える」ことです。このバランスを考えることで、効率的に儲けを残すことができます。

みなさんは、これまでにこんな疑問を持ったことはありませんか?

「売上は毎年アップしているのに、なぜこんなに利益が少ないのだろう?」
「うちの会社では、いくらまで人件費を出せるのだろうか?」
「借金をする場合、いくらを上限として考えればいいだろうか?」

みなさんのこのような疑問について、これから1つ1つお答えしていきます。

多くの経営者は、これらのことを経験則や勘で決めているようです。それで問題なくうまくいっていれば、それでももちろんＯＫです。しかし、「客観的な裏付けが欲しい」というみなさんは、これからお話する指標（モノサシ）を覚えてください。

それは、**「粗利率」「労働分配率」「何年で完済できるか」**の３つです。実は、この３つの指標は、さきほどの３つの疑問と次のように対応しています。

「売上は毎年アップしているのに、なぜこんなに利益が少ないのだろう？」（粗利率）

「うちの会社では、いくらまで人件費を出せるのだろうか？」（労働分配率）

「借金をする場合、いくらを上限として考えればいいだろうか？」（何年で完済できるか）

では、早速、それぞれの指標について見ていきましょう。

第1のモノサシ「粗利率」

売上は毎年アップしているのに、なぜこんなに利益が少ないのだろう？

売上がアップしても、思うように利益が上がらないことがあります。

あるドンブリ会社のケースです。この会社は、昨年、売上を大幅にアップさせましたが、利益は売上アップ前とほとんど変わりませんでした。そこで、今期も売上増を目指して頑張ったのですが、残念ながら売上はアップ前の水準に戻ってしまいました。すると、売上は変わらないのに、利益は売上アップ前よりも少なくなってしまったのです。

なぜこんなことが起こるのでしょうか？　その鍵を握るのが、「粗利率」です。

粗利率＝粗利÷売上高

その原因としては、たとえば商品構成が変わって、粗利率の低い商品の割合が高まったということが考えられます。あるいは、仕事が増えたときに安易に外注に任せる（＝変動費が増える）クセがついたのかもしれません。

しかし、最も多いケースは、売上アップにばかり集中して、キャンペーンなどで値引きを多発したり、商品の値付けを安くしすぎた時に見られます。

つまり、「売上がアップしても、粗利が下がるケースがある」ということです。粗利が下がってしまえば、当然、会社に残る利益を増やすことはできません。
このようなことにならないよう、常に粗利率はチェックしておきたいですね。

■売上は同じままで、粗利をアップさせるには？

このドンブリ会社の話からも、利益をちゃんと確保するためには粗利率をキープ、もしくはアップさせていくことが大切とわかります。これは、具体的にはどのようにしたらよいと思いますか？

「取引企業に価格交渉や契約条件の見直しを要請します」

そうですね。世間相場より割高で仕入れている場合があるので、適正な範囲内での価格交渉はする余地はあります。また、他にもっと条件のよい会社が見つかるかもしれませんね。

「値引きを安易にしない、あるいは、『もっと高い価格設定をする』と、社長が決意することも重要だと思います」

その通りです！

ただ、そのためには取引先などの理解が必要です。そこで、『付加価値の高いサービスを提供するぞ』と決意して、知恵を絞ってそれを具体的に考え、実行する必要があります。

もちろん、「安さ」を最大の売りにするのなら別ですけどね。

「材料や商品の仕入は、量とタイミングをコントロールすることも必要です」

確かに。在庫を過剰に抱え込み過ぎてロスにしてしまわないために大切なことですね。

このように、粗利率をアップさせる方法は、いろいろ考えられます。毎月のキャッシュフロー管理をしていく際に、粗利率の推移に大きな上下が見られた場合は、上記のことを思い起こしてチェックを入れてみてください。

「1つ質問です。外注業者に委託していた仕事のうち、自社でも対応可能なものは社内で対応していくべきでしょうか?」

会社として利益がより大きくなる道を選びましょう。売上を新たに作り出すのが難しい場合は、なるべく社内で対応したほうが変動費は当然低くなり、利益は大きくなります。今いる人材をフル稼動させて、外注費を減らす方法を考えましょう。

しかし、今後もっと売上を上げる見込みがあるのなら、よそに任せられる業務はよそに任せて、自社の強みが活かせることに注力したほうが、社員のモチベーションもアップするし、利益も最大化するはずです。

つまり、自社でやるより外注業者に任せたほうがパフォーマンスが上がるのであれば、そのほうが会社も社員もハッピーだということです。

その場合、**「この業務を外注にする分、その空いた時間と人手を自社の強みに集中**

させて、より多くの粗利を生み出そう」という思考が大前提です。そうでないと、暇をもてあます社員が出てきたら本末転倒ですからね。たとえば、営業マンがテレアポ業務をアウトソーシングに任せて、空いた時間で1件でも多くの見込み客と会うのは一例です。餅は餅屋で、**「自分が最も価値を生む仕事に集中せよ」**が私の個人的意見です。

■スタッフに貢献度を理解させる

粗利や粗利率に意識を向ける狙いの1つは、スタッフに「自分たちがどれだけ会社に貢献しているか」をきちんと認識させるためです。たとえば、人件費が月1000万円の雑貨屋さんで、売上が5000万円だったとします。このお店は適正な利益を上げていると言えるでしょうか?

「う～ん、5000万円から1000万円を引いたら、4000万円が残る訳だから、そこから経費を引いても多少は利益が出るのでは?」

そう考えたみなさんは、振り出しに戻って、もう一度68、69ページのお金の流れの全体図を頭にたたきこんでください。

「粗利率が仮に20％だとすると、粗利は1000万円。それに対して人件費だけで1000万円かかっていたら、間違いなく赤字ですよ」

そのように考えたみなさんは、よい思考回路が身についています。このまま読み進めてください。人件費は売上から分配されるのではありません。売上から変動費を引いた、粗利から分配されるのです（次ページ**図表18**）。

言われてみれば当然の話のように思われたでしょうが、実際には中小企業において、社長ですら大半の人がそこまで考えていないのです。したがって、まずは社長自ら意識を変えることが重要です。

そして社長の意識が変わったら、次にスタッフの意識を切り替えなければなりません。

図表18■**人件費は粗利から分配される！**

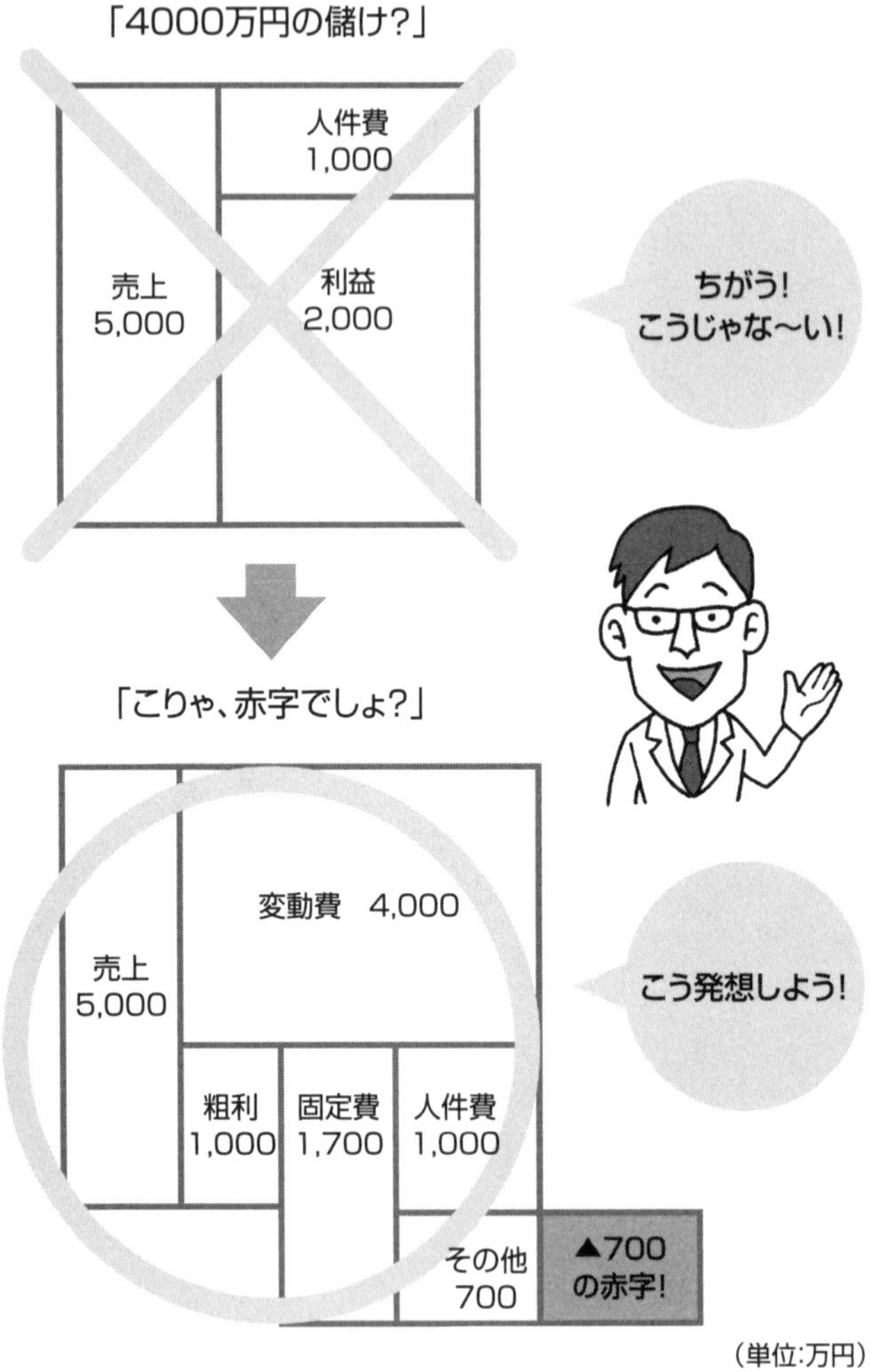

（単位:万円）

社員が給料に見合った粗利目標を考えない会社では、社員の給料を払うために、社長自らが売上確保のために走り回らなければならなかったりします。だからこそ、**「自分の貢献度を、売上ではなく粗利で考えるスタッフ」**を育てることが、会社の底力を発揮するための大前提であり、経営者の大切な仕事の1つなのです。

私のコンサルティング経験から言うと、「自分の給料は会社の粗利から分配されている」ことを社員がきちんと理解すると、会社は次のような状態に近づいていきます。

まず、社員が自立的に自分の給料に見合った粗利目標や売上目標を考え始めます。そして、そういう社員が増えると、社長が逐一ノルマを提示しなくても、会社に適正な売上が確保されるようになります。つまり、社員が自分の給料を自ら稼ごうとするので、社長はそうした苦労から解放され、精神的にラクになります。

そのための教育方法は、まず会議で毎月このお金の流れの構造を紙に何度も書かせることです。企画書を提出する機会があったら、その中でも収支のバランスを考えさせます。

そして、幹部はスタッフに対して「給料の3倍以上の粗利を作れ」を口癖にします。自分の報酬プラス会社の経費、利益を考慮すると、それくらいは必要です。

「この図を覚える程度なら、簡単そうですね。でも、本当にこんな程度の知識で十分なんでしょうか？　社員に採算意識を持たせるには、もっと本格的に会計の勉強をさせなければいけないような気がするのですが……」

逆です。**この程度のカンタンな図を覚えるだけでいいからこそ、スタッフと数字を語れるのです。**難しいほうがもっともらしく感じるかもしれませんが、それは幻想です。難しければ難しいほど、実際には機能しません。

一方で、1つ重要な落とし穴があるので注意してください。

それは、営業マンは自分の給料分だけではなく、アシスタントや事務スタッフなど、直接粗利を稼がない、しかし会社を支えているスタッフの給料分も代わりに稼ぐ役割を担っているということです。

それを忘れて、「自分の給料の3倍稼げば文句ないだろう。3000万円の粗利を稼いだから、1000万円を要求したい」などと言わせてはいけません。

彼がそれだけ稼ぐために、目に見えないところで会社や仲間が支えてくれていることも気づかせてあげましょう。その場合、「1000万円の給料をもらうためには、4000万円、あるいは5000万円稼ぐ必要があるんだよ」ということを、会社のお金の構造を図で示しながら説明するとわかってくれます。

そして、**いくら稼げばいくらもらえるのか、目指すゴールがハッキリすれば、スタッフもそれに向かって頑張れるのです。**

私のクライアントはこのように会社の経営情報を社員にオープンにして、社長のように考える社員を育てる経営手法を行なっています。これは「オープンブック・マネジメント」と呼ばれ、最近注目されている手法です。その実践法については、いずれ1冊の本にまとめたいと考えています。

■――ディスカウントで得する人と損する人、その違いとは!?

これから、値下げや値上げがどのように利益につながるかについての話をします。

たとえば商品を販売する際に、一般的に値下げをすれば、よりたくさん売れると考えられますよね。そして、「売上」すなわち「価格×販売個数」が値下げをする前よりも大きくなった場合、「値下げをしたことで、売上がアップした!」と喜ぶ人は多いでしょう。果たしてそれが本当に正しいのかどうかについて、今回は考えてみましょう。

ここでみなさんに1つクイズを出したいと思います。

問題

価格1万円の万年筆を販売する会社が2社あります。

A社では、その万年筆を5000円で仕入れて価格通り1万円で1カ月に10個販売しています。

B社では、同じ商品を同じ額で仕入れて、8000円で1カ月に14個販売しています。つまり、B社は20％値下げしたことで、販売数が40％アップしていることになります。

みなさんが経営者だったら、A社、B社、どちらの会社の判断を選びますか？

その答えと、そう判断した根拠を書き込んでみてください（制限時間3分）。

答え

私の判断は（　　　　）です。なぜなら、

と考えたからです。


さあ、できたでしょうか？

ここまできちんと本書を読み、キャッシュフロー思考回路が身についたみなさんなら、「単純に売上だけで判断せず、粗利や利益で判断することが大切」ということはお気づきかと思います。では、答えを一緒に考えていきましょう。

■商品の粗利率が低い場合

今回、Ａ社は５０００円で仕入れて１万円で売るので、粗利率は50%。１本あたりの変動費は５０００円で、粗利は５０００円となります。

一方、その同じ万年筆を８０００円で販売しているＢ社は、１本あたりの変動費は同じく５０００円ですが、２０００円分値下げしているということなので、粗利は３０００円（粗利率37・５%）となります。ここまでは、わかりますか？

「もちろん、わかります」

このとき、それぞれに販売個数を掛け算すると、売上と粗利はそれぞれどうなるでしょうか？

図表19を見ればわかるように、売上はＢ社のほうが大きいですが、粗利はＡ社のほうが

図表19■A社とB社、どちらが儲かっているか？

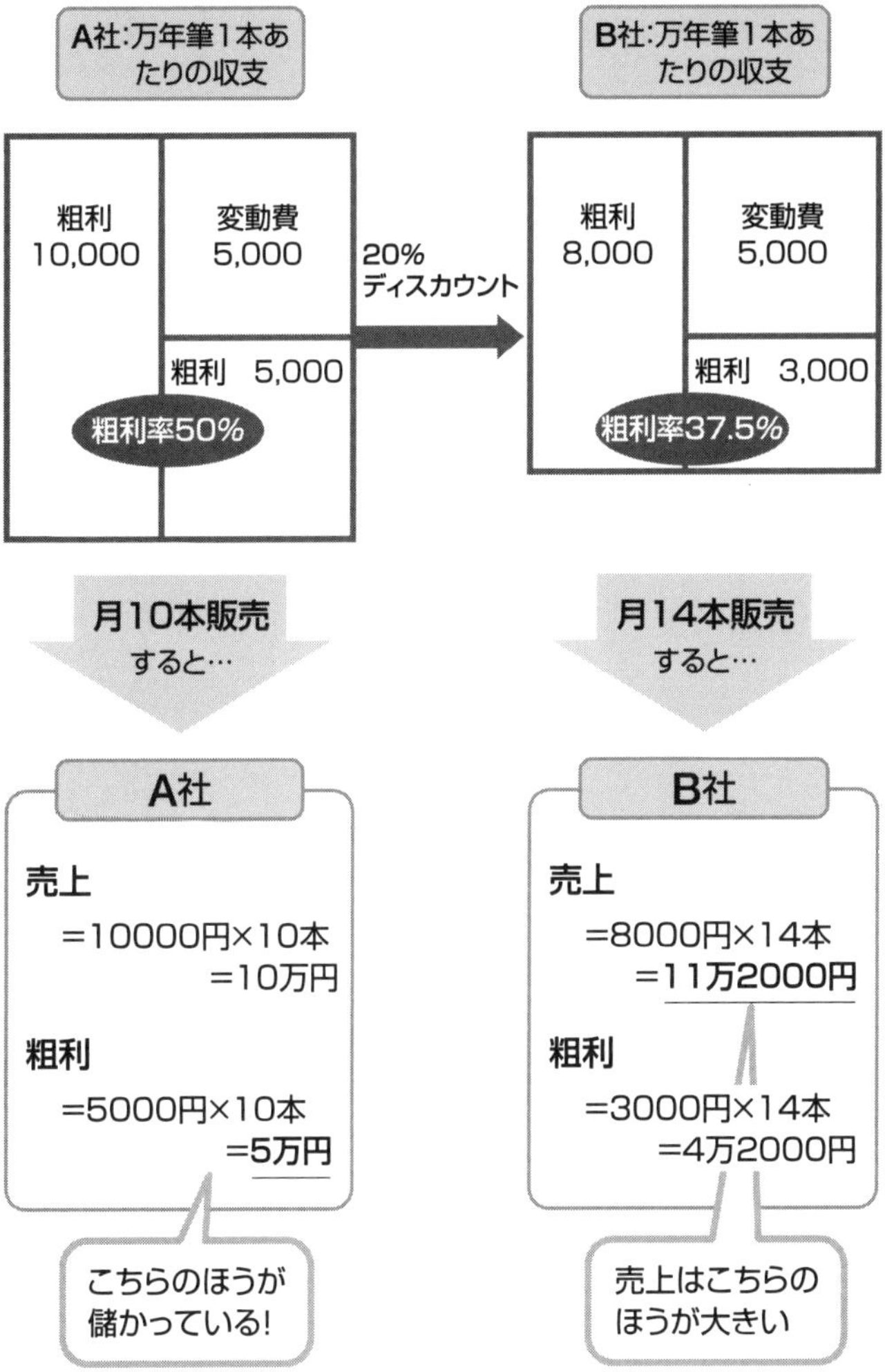
A社:万年筆1本あたりの収支
粗利
10,000
変動費
5,000
粗利　5,000
粗利率50%
20%
ディスカウント
B社:万年筆1本あたりの収支
粗利
8,000
変動費
5,000
粗利　3,000
粗利率37.5%
月10本販売
すると…
月14本販売
すると…
A社
売上
=10000円×10本
=10万円
粗利
=5000円×10本
=5万円
こちらのほうが
儲かっている!
B社
売上
=8000円×14本
=11万2000円
粗利
=3000円×14本
=4万2000円
売上はこちらの
ほうが大きい

大きいということです。

「売上よりも粗利のほうが大切なわけだから、A社のほうが儲かっているということですね」

その通りです。会社にとっての実質的な収入は売上ではなく粗利ですから、粗利に注目しましょう。B社は「販売価格を20％ダウンさせたことで、販売個数が40％増え、売上も12％増えたが、粗利は逆に16％も減ってしまった」のです。この場合、A社の選択のほうがより儲かる、ということです。

「そうすると、やはり値引きは会社の利益を損なうからよくないのですね」

いや、このケースではそういう答えになりましたが、実は必ずしもそうとは限りません。

「え、どういうことですか？」

今回は粗利率が50％の例でお話ししましたが、もし粗利率がもっと高い商品だったら、どうなるか？　次に考えてみましょう。

■商品の粗利率が高い場合

仮にその商品を、価格1万円、粗利率80％の「セミナーCD教材」だとします。すると、1万円で販売しているA社は、1個あたりの変動費は2000円で、粗利は8000円（粗利率80％）となります。

一方、その同じセミナーCD教材を8000円で販売しているB社は、1個あたりの変動費は同じく2000円です。そして、2000円分値下げしているということなので、粗利は6000円（粗利率75％）となります。

このとき、それぞれに販売個数を掛け算すると、売上と粗利はそれぞれどうなるでしょうか？（図表20）

「あれ！　今度は売上も粗利もB社のほうが高いことになりますね」

そうなんです。このケースでは、「販売価格を20％ダウンさせて販売個数が40％増えたことで、売上が12％増え、粗利も5％増えた」ことを意味します。

ただ、販売個数が増えると、それだけ人手がかかったり、目に見えにくいコストが発生している場合もあるので、そこは注意が必要ですけどね。

「なるほど、これは価格設定をするときも、値引きセールスをするときも、ちゃんとシミュレーションをしておかないと、思わぬ損をしかねませんね」

そういうことです。粗利率が高い商品は、ある程度の値引きをしても相応にたくさん売

図表20■**商品の粗利率が高いと結果が変わる**

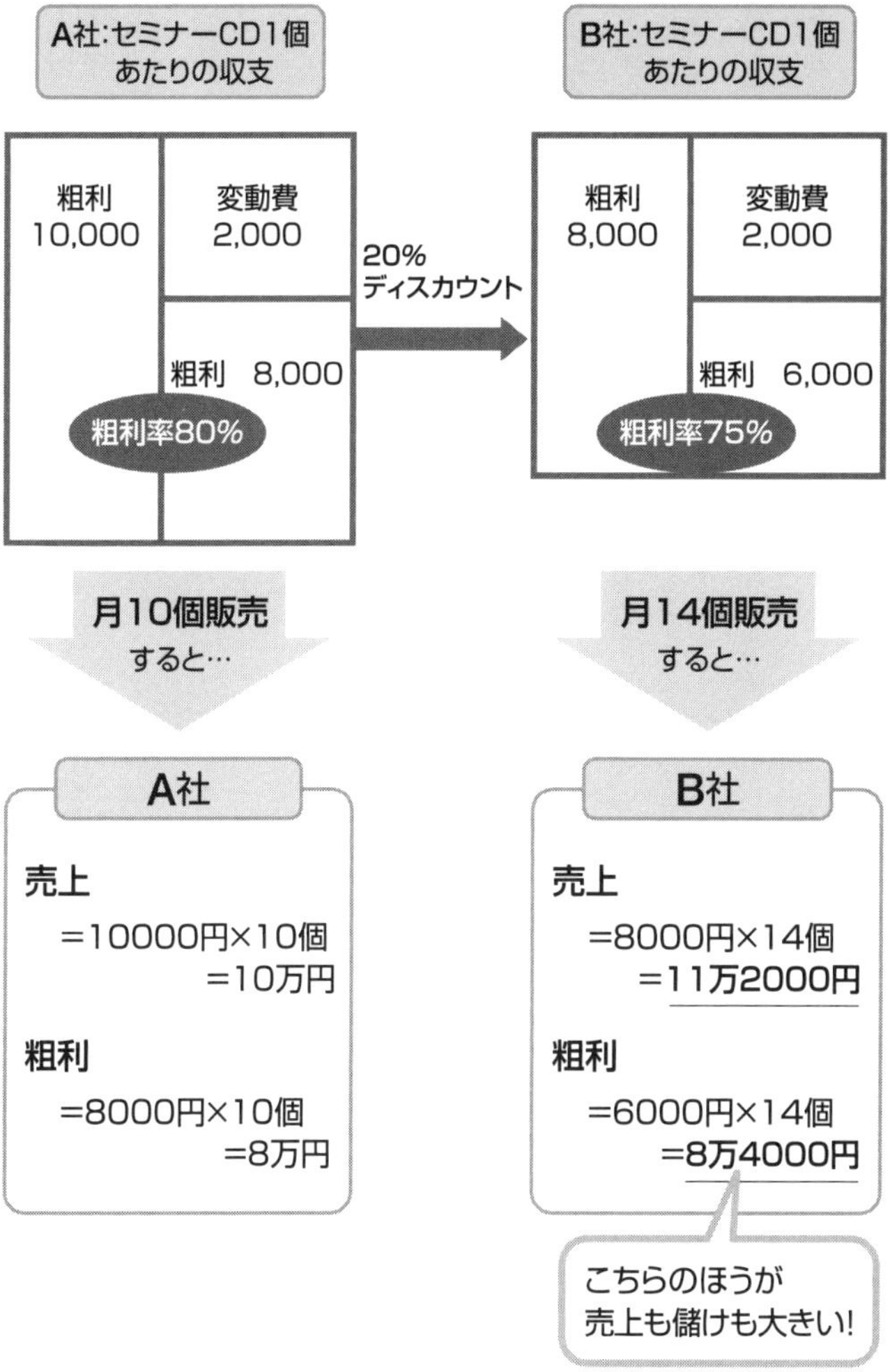
A社:セミナーCD1個
あたりの収支
粗利
10,000
変動費
2,000
粗利　8,000
粗利率80%
20%
ディスカウント
B社:セミナーCD1個
あたりの収支
粗利
8,000
変動費
2,000
粗利　6,000
粗利率75%
月10個販売
すると…
月14個販売
すると…
A社
売上
=10000円×10個
=10万円
粗利
=8000円×10個
=8万円
B社
売上
=8000円×14個
=11万2000円
粗利
=6000円×14個
=8万4000円
こちらのほうが
売上も儲けも大きい!

れば利益はアップする可能性は高いですが、もともとの粗利率が低い商品の場合、ちょっとの値引きでも利益を圧迫してしまうことがわかります。一方、逆に値上げをした場合も、同様に計算してみるとその効果がわかります。かかる時間はほんの10分程度です。その時間を惜しんで、巨額の損を出すのはバカバカしいですよね。

さてこのクイズを通して、値下げ（あるいは値上げ）が利益におよぼす影響について理解していただけたと思います。値上げや値下げを考えるときは、自社の粗利率をきちんと把握して、このような簡単なシミュレーションをしてみることが大切ですね。

みなさんの会社の粗利率をチェックする手順

過去3年分の決算書（損益計算書）を用意する。そして、各年度ごとに

①売上を書き出す
②変動費を書き出す（主に外注費、材料や商品の仕入による原価など）
③粗利（売上－変動費）を算出する
④粗利率（粗利÷売上）を算出する

そして、各年で差があるにせよ、そこからおおよその目処をつかむ

それが面倒くさい人は、顧問税理士に「当社の粗利率は何%?」と尋ねよう!

CHECK POINT

Q 利益におよぼす影響を考えずに、安易に価格設定をしていないだろうか? その商品やサービスの粗利率をチェックしておこう

COLUMN

なぜ主婦はポイントカードに釘付けなのか!?

先日、私が妻とドライブをしている帰り道、トイレットペーパーが切れていることをふと思い出し、妻に言いました。

「あそこにドラッグストアがあるから、寄って行こうよ」

すると妻はこう答えました。

「いや、マツナミドラッグ（仮名）のポイントカードがあるから、そっちで買いたいのよ」

私は「ああ、そう」と返事をしながらも、「面倒くさいなあ。いいじゃないか、ここで買えば」と内心ではつぶやき、目の前のドラッグストアを通り過ぎました。

これは、日常的によくある光景だと思います。たとえば飛行機のチケットを手配する際、JALにするかANAにするか。たまたまANAのポイントカードを持っていれば、そちらを優先したくなるものです。さきほどのポイントカードでも、10日に1回、「ダブル・ポイント・デー」といって、2倍のポイントを押してもらえるとなると、主婦はここぞとばかりにその店に殺到するそうです。

ポイントが貯まると、商品券がもらえて得します。だから、どうせ商品がどこで買っても同じだったら、「ポイントがたくさん貯まっているお店で買いたい」と思うのは人情でしょう。

そのとき、私はふと考えました。

「これはお店側からすると、どれぐらいの広告宣伝費（売上を作るための費用）に相当するのだろうか？」

ポイントカードが貯まったら商品券で還元する、というのは、見せ方を変えた「値引き」のようなものです。一体、何％の値引きに相当するのでしょうか？

そこで妻に尋ねました。

「そのポイントカードは、どれぐらい得なの？」

「ポイントが貯まると、500円の商品券がもらえるよ」
「じゃあ、いくら分買うと、500円の商品券がもらえるの?」
「え、そんなの知らないわよ」

聞くと、多くの主婦は「いくら分の買い物をすると、その500円の商品券がもらえるのか、すなわちいくらの値引きに相当するのかを、イチイチ計算していない」ということがわかりました。

つまり、感覚的なお得感でポイントカードを握り締めているのです。

そのことが気になった私は、具体的なことを聞き出しました。

マツナミドラッグのポイントカードの仕組み

- **100円以上買うと、1ポイントもらえる**
- **250ポイント貯まると500円の商品券がもらえる**
- **毎月10日、20日、30日はダブル・ポイント・デーとして、2倍のポイントを押し**

てもらえる。それ以外にも、ポイントが余計にたまるキャンペーンを不定期的に行い、DMやチラシで告知している

100円以上で1ポイントもらえ、250ポイントで500円の商品券が買えるということは、2万5000円以上買うと、500円の商品券がもらえる、ということです。

単純に割り算すると、500円÷2万5000円×100%＝2%。

ただし、100円ごとに1ポイントなので、99円では0ポイント。199円でも1ポイント。つまり、実際には500円の商品券をもらうために、2万5000円どころではなく、総額で30000円とか35000円は使っているはず。仮に3万5000円だとすると、500円÷3万5000円×100%＝約1・4%。


「え!!　たったのこれだけ!?」

『得したような気がする』という感覚がお客さんを引きつける

私は正直、ビックリしました。私の妻を引きつけて離さないポイントカードの実態は、その程度の値引き効果でしかなかったのです。妻に尋ねてみました。

「計算してみるとこのポイントカードは1・4%～2%程度の値引き効果なんだけど、もし販売価格から1・4%～2%を常に値引きしていたとして、常連になる?」

「その程度の値引きでは、ならないと思うわよ」

「そうだよね～」

しかも、お店側からすれば、「現金」を返しているわけではありません。あくまで「商品券」です。つまり、お客さんは「500円をもらった」感覚で喜んでいますが、お店側が実際に負担すべきコストは、「その500円の商品券と交換した商品の仕入原価（変動費）だけ」です。仮に仕入原価が販売価格の70%だとすると、500円×70%＝350円。

なんと、お店としては、お客さんに2万5000円から3万5000円分を買わせておいて、350円をバックしているに過ぎないのです。これは、値引率として換算すると、1％～1・4％です。限りなく小さなコストですみますよね。

改めて妻に聞いてみました。

「1％の値引き効果だとわかっていたら、目の前のドラッグストアを素通りして、わざわざ遠くにあるポイントカードのドラッグストアに行く？」

「行くわけないでしょ！」

「そうだよね～」

「でも、そんなことを計算している人、あまりいないと思うわよ」

そこで気がつきました。

「実態がわからないから、『得したような気がする』という幻想がお客さんを引きつけるのだ」と。

お得感を「身体に覚えさせる」には？

一方で、その幻想を抱かせておくには、「感覚的に得した感じ」を与えなければなりません。つまり、「ポイントカードが貯まって商品券と交換した」という成功体験をタイミングよく与えていくことが大切なのです。

もし、1年に1回程度しかもらえなかったら、そのポイントカードの存在自体を忘れてしまうでしょう。でも、たとえば3カ月に1回ぐらい商品券がもらえたら、理屈はすっ飛ばして、そのお得感を「身体が覚えてしまう」のです。

実際、月5000円程度の買い物をする人が、ダブル・ポイント・デーやポイントが余計に貯まるキャンペーンなどを利用すれば、3カ月〜4カ月程度で250ポイント貯まり、500円の商品券をゲットできる計算になります。きっとドラッグストアはそのあたりも考え、巧妙な仕組みでお客さんを引きつけているのだろうと想像できます。

このことから、私が気づいたことは、自分がお客の立場の時に、「見せかけのお得感で振り回されないようにしよう」ということ。そして、仕事においては、「単純な値引きをするのではなく、**お客さんに実質的な値引き率以上のお得感を与える工夫を考えよう」**ということです。

ストレートに値引きをしても、魅力は出しにくい。ならば、いかに魅力的に見せるか？　戦略的にコストを使うのであれば、実質的なコスト以上の効果のある販促策を考えたいですね。

CHECK POINT

Q　その広告宣伝費は、いくらのコストがかかっているだろうか？　そして、お客さんの立場では、どれだけのお得感を感じているだろうか？　その両面からチェックしてみよう第2のモノサシ「労働分配率」

うちの会社では、いくらまで人件費を出せるのだろうか?

労働分配率とは、前にもご説明した通り、粗利に占める人件費の割合のことで、一般に使われる経営用語の1つです。

労働分配率＝人件費÷粗利

人件費は固定費の中で最も大きな費用です。だからこそ、大きすぎず小さすぎず、適切にコントロールしていくことが大切です。

この基準値をあらかじめ決めておいて、絶対にそれを守ることをルールにしておくと、いろいろなメリットを生み出します。まずは、自社の労働分配率が現在、何%かをはじき出してみましょう。

業種や規模によって適正ラインはさまざまですが、目安として50%～60%程度なら妥当な水準、40%台なら良好（＝生み出している粗利に対して、人件費負担が低く収まっている）、60%以上なら危険信号（＝生み出している粗利に対して、人件費負担が高い）と考えておいてください。

「今計算してみたら、ウチの労働分配率は68%でした。確かに利益は少なくて、かろうじて黒字というレベルです。これは労働分配率が高すぎるのでしょうか？」

その可能性はあります。もし労働分配率が高過ぎるなら、**スタッフが給与に見合った稼ぎ方をしていない、あるいは人が多すぎる**ということになります。つまり、**「会社としての生産性が低い」**ということです。

「生産性、ってよく聞く言葉ですが、どういう意味ですか？」

生産性とは、簡単に言うと**「どれだけの投入に対してどれだけの成果を上げたか」の効率のこと**です。つまり、少ない投入（人手、時間、資金など）で最大の成果（粗利、利益など）を発揮できる企業は「生産性が高い企業」と評価されるわけです。

「なるほど、たしかにウチのスタッフはまだまだ行き当たりばったり的な行動が目につきます。『もっと計画的に考えて動け』といつも言っているのですが……。」

たとえば１０００万円の粗利を稼ぐのに、１カ月かかる営業マンと３カ月かかる営業マンがいるとしたら、前者のほうが生産性が高いと言えます。より少ない投入（時間）で成果をあげているからです。また、１億円の粗利を１年間で稼ぐのに、10人のスタッフを抱えている会社と５人の会社があるとしたら、５人の会社のほうが少数精鋭で生産性が高いということです。

生産性を数式にすると、次のようになります。

生産性＝成果（粗利、利益など）÷投入（人手、時間、資金など）

「なんだか労働分配率の数式と似ていますね？」

そうです！　ここでお気づきかと思いますが、労働分配率と生産性は表現のしかたが違うだけです。分子と分母を逆にしただけで同じことを言っています。

労働分配率は、会社が生み出した粗利のうち、どれだけを人件費として分配しているかを示します。一方、生産性は、会社が投入した人件費によって、どれだけの成果（たとえば粗利）を生み出したか、を示します。よって、生産性の高い企業は、必然的に労働分配率は低くなるのです。

そして、何度も繰り返しますが、労働分配率が50%でなければならない、ということは全くありません。目安があったほうが理解しやすいので、たまたま50%と言っていますが、その会社の前提条件次第で、30%台が理想の会社もあれば、60%台でもＯＫな会社もあります。このことを理解するために、１つ簡単なクイズを考えてみましょう。

問題

次のA～Cの3つの会社があるとします。いずれの会社も労働分配率（すなわち粗利に占める人件費の割合）は50%だとします。みなさんがオーナーになるとしたら、どの会社を選びますか？

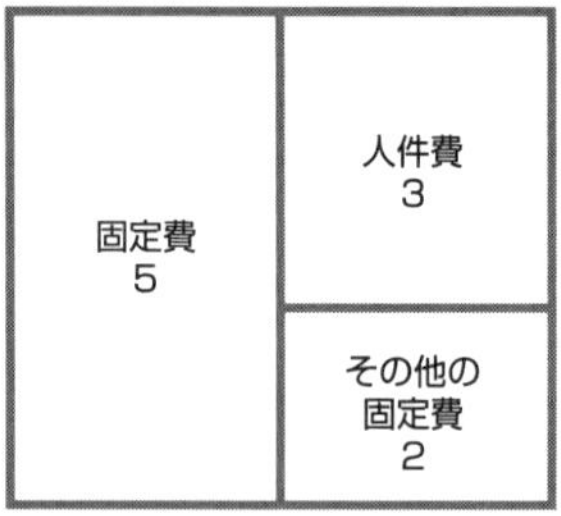

A社

B社

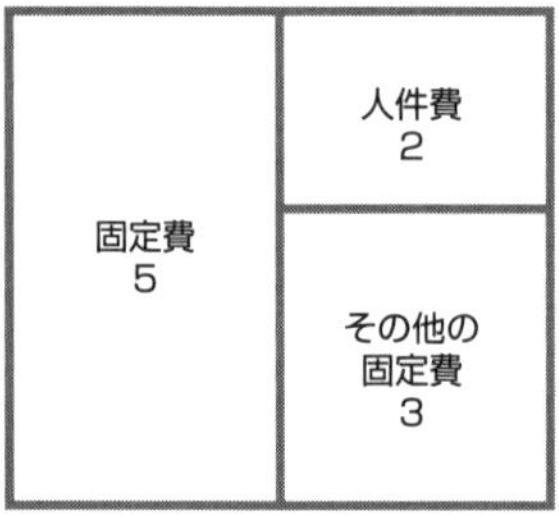

C社

答え

私は（　　　　　）社を選びます。なぜなら、

と考えたからです。

次のページを開く前に、上の空欄に答えを書き込んでみてください。

さあ、どの会社を選びましたか？

「わかった！　私はA社を選びます」

自信たっぷりですね。Ａ社を選んだ理由は何ですか？

図表21■3社の収支を見ると…

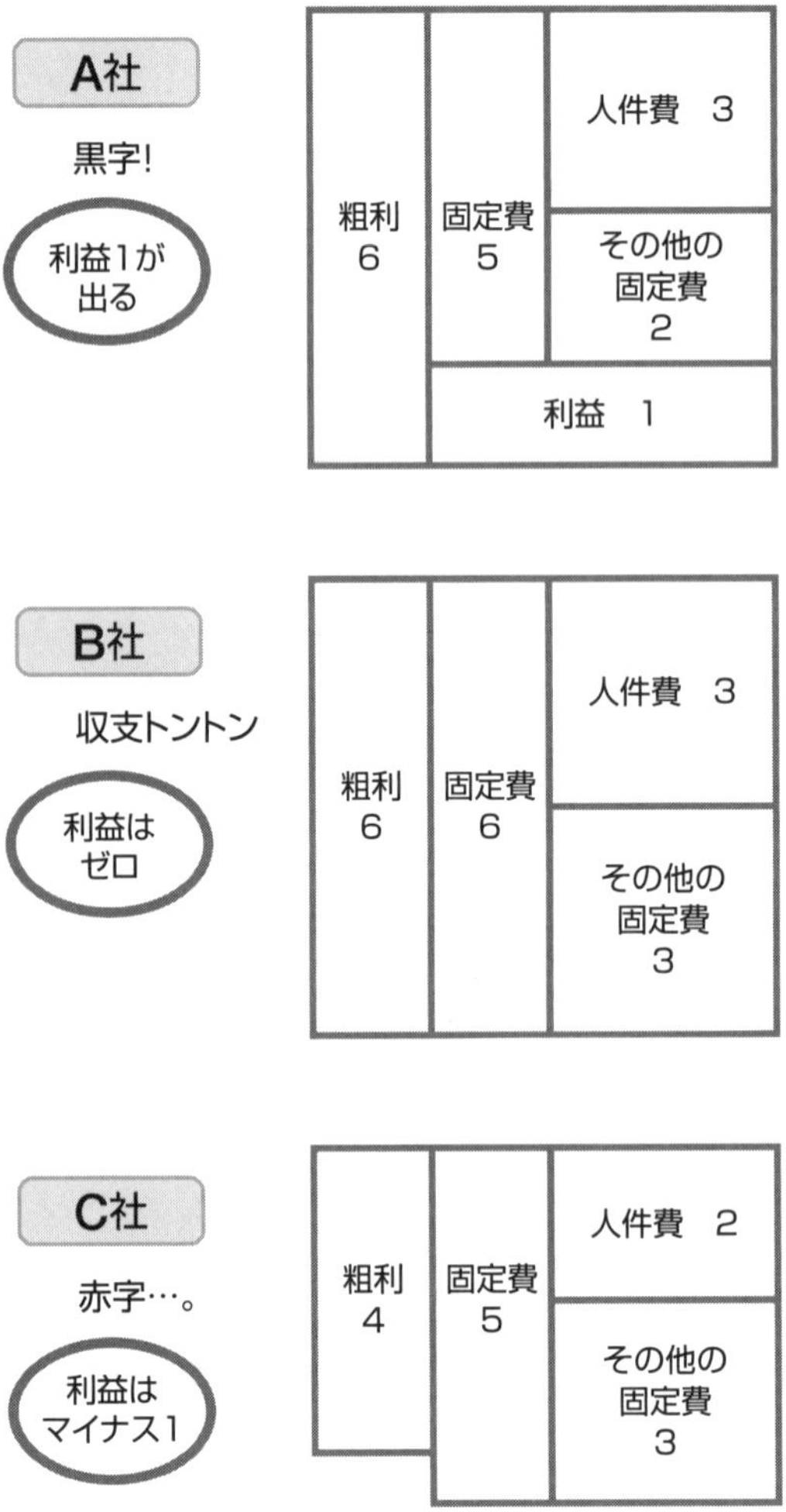

「3社の粗利を計算してみたのです。労働分配率がすべて50％なので、A社は粗利が6、B社も6、C社は4になります」

そうですね。

「その粗利から固定費を引いたとき、A社だけが利益1が出て、B社は収支トントン、C社はマイナス1で赤字になるじゃないですか」

その通り！

A社は粗利6から固定費5を引くと、利益1が残ります。しかし、B社は粗利6から固定費6を引くと、利益はゼロ。C社にいたっては粗利4から固定費5を引くと利益はマイナス1で赤字ですね（**図表21**）。

「なるほど。【人件費】と【その他の固定費】の構成比の違いによって、このような差が出るのですね」

そうです。たとえば、A社はコンサルタント業や歯科医院、美容院のように人の力に依存する業種の収支構造です。その分、人件費の割合が大きくなるのです。

「では、C社は?」

C社は製造業などのように機械設備に依存する業種の収支構造なので、その分、もともと人件費の割合が小さいのです。

このように業種の違いによって、コストの構成比が違う場合があります。また、規模によって違う場合もあります。たとえば人の力に依存する歯科医院でも、チェアが3台程度の医院と、チェア10台で手術室まで完備している大型の医院とでは、「人件費」と「その他の固定費」の割合は違ってきます。

したがって、**「労働分配率は50％が理想」という一般論的な数字だけを覚えても、あまり意味がない**のです。**「必要な利益を生むには、労働分配率は何％以内でなければならないか？」**と発想しましょう。言いかえれば、必要な利益がちゃんと出るなら、労働分配率は高くてもいいのです。

一般的に、労働分配率を適正に保つには、「人件費はより小さく、粗利はより大きくしよう」と考えがちです。

しかし、本当はもう1つの方向性があります。それは**「人件費はより大きく、その分、粗利はよりもっと大きく」**です。スタッフと会社が共に成長・発展し、ハピネスを共有できるのはこのスタンスではないでしょうか。

さあ、キャッシュフロー経営の3つのキーワードの2つ目は、「お金の入りと出のバランスを考える」でしたね。粗利という「入り」と人件費という「出」のバランスが自社にとっていい感じかどうか。あくまで自社の収支構造に適した労働分配率を目指すことが重要だということは、もうおわかりですよね。

COLUMN

なぜ社長は社員の3倍以上、給料を受け取れるのか？

中小企業の社長は、会社と個人のお金の境目がきわめてあいまいなケースが多いです。銀行借入をしようとすれば、社長の個人資産を担保にしますし、場合によっては社長が会社にお金を貸し付けることもあります。そのようなリスクを背負っている経営者は、どれくらいの報酬をもらえばよいでしょうか？

よく次のような意見を聞きます。

「私はスタッフの3～4倍の報酬を受け取っていますが、少し後ろめたい気がしています」

しかし私は、中小企業や個人事業においては、「社長と社員の報酬は、少なくとも3倍以上の差があってよい」と考えています。なぜなら、社長は以下のような複数の役割を担っているからです。

①トップセールスマンであり、会社で一番の稼ぎ頭である
②経営者として、会社経営の舵取りをする立場である
③さらに起業時ならびにその後も会社にお金を貸す投資家的立場である

つまり、社長は**1人で3人分以上の役割を担っている**ことになります。さらには、社長は起業リスクを背負っています。つまり社長が数年前に勇気を出して起業していなければ、今はないはずです。また、その当時はおそらく多大なる苦労をしていたと思います。起業当初は、タダ働き同然で頑張っていた人も多いでしょう。

その分を、会社が軌道に乗ってきた時点で給与として受け取ることは、正当なことだと思いませんか？

そのかわり、**報酬の4分の1～3分の1程度を、万が一の時の事業貸付用に貯蓄**

しておくことをおすすめします。

その割合は、状況に応じて決めればよいですが、要はあらかじめお金に枠組みをつくっておくことが大切です。そうすれば、一時的に資金が必要になっても、銀行や他人に頼らず、そこから会社に貸すことができますから、社長は資金繰りに頭を煩わされずにすむのです。

社長は会社のお金と同様、給料もドンブリ経営ではなく色分けをしておくことが大切だということです。

第3のモノサシ「何年で完済できるか」

借金はいくらまでしていいだろうか？

冒頭に、ドンブリ経営から脱出するために3つのキーワードがあるというお話をしましたね。覚えていますか？

「え～っと、それは確か、
①お金に目的別に色をつける
②お金の入りと出のバランスを考える
③逆算思考で目標を決める
ということでしたよね」

そうです。そして先ほどまで「②お金の入りと出のバランスを考える」という基軸で、労働分配率の話をしました。つまり、粗利という「入り」に対して、人件費という「出」

がどれだけあるか、を把握しよう、そして、それが果たしてバランスがとれているかをチェックしようという話でした。

これからはこの「②お金の入りと出のバランスを考える」という基軸にもとづいて、もう1つの重要なお話をします。それは、**借金はいくらまでならOKなのか**、についてです。

みなさんは、自社の借金が、過大なのか、適切なのか、少ないほうなのか、と問われたら、どう返答しますか？

「私はいつも資金繰りに追われている感覚があるので、きっと借金が多すぎると思います」

「私は銀行にもっと貸してくれと言えば貸してくれるので、きっと借金は少ないほうなんじゃないかな」

なるほど、いろいろな解釈のしかたがあるようですね。では、それらは本当に自分なりに納得できる程の根拠になっているでしょうか？

「いや〜、感覚的な判断なので、借金が多いにせよ、少ないにせよ、いくらまでが妥当なのか、よくわかりません」

「私だって、銀行が貸してくれるといっても、なぜ貸してくれるのかわからないし、いつ銀行がソッポを向くかもわからないので、不安です。」

わかりました。それでは、自社の収支構造に照らし合わせた借金の適正額を見極める方法をお伝えしましょう。

■借金は寄付ではない！ いつになったら返し終わるの？

借金の金利の支払いは経費ですが、元本返済は経費ではありません。したがって、税金を払った後でないと借金を返済することはできません。
つまり、返済は本業のキャッシュフロー（以下、本業ＣＦ）からなされます。本業ＣＦとは、税引後利益に減価償却費を繰り戻したものです。よって、年間の本業ＣＦと年間の返済額の関係は、

年間の本業ＣＦ＞年間の返済額

となる必要があります。そうでないと、入りと出のバランスが崩れることになります。入りよりも出が大きい場合、貯蓄を取り崩して返済にあてているか、返済するために新たに借金をする、というおかしな構図になっているはずです。

「私の会社も入りより出のほうが大きいのですが、親が資産家なので、親から借りて銀行の借金は返済しています」

う〜ん、親から借りて返済をしているとしても、それも「借りて返す」構図には変わり

ありませんよ。実力で返済できる状態を目指すのなら、それで安心するのはいかがなものでしょうか。

また、もう1つチェックしておきたいことがあります。それは、**今の借金の総額が、年間の本業CFの何倍（何年分）になっているか、**です。

借金の総額÷年間の本業CF＝何年分?

もし10倍なら、今の利益を維持し続けた場合、10年で完済できる収益力がある、ということです。もし30倍なら30年かかるはずです。

「うわっ、私の会社は50年もかかる計算になりますよ！　そんな年まで仕事をしているとは思えないんですが……」

それは、あくまで今の収入をずっと維持した場合の話ですから、今後、利益が上がっていくような対策を打てば、もちろん返済期間は縮まりますよ。逆に利益が下がっていくようだと、返済により長い期間がかかることになります。

当たり前の話ですが、**借金は寄付とは違います。いずれは全額返さなければなりません。**しかも、ただ返すわけではありません。利息を乗せて返さないといけないのです。借りるときはそこまで考えて借りてください。

この計算をすると、たまに「100年かかっても返せない借金」をしている人がいたりします。「孫の代まで借金を相続させるつもりかな？」と心配になります。

みなさんの会社はいかがですか？

CHECK POINT

Q 本業のCFは、年間の返済予定額を上回っているだろうか？
借入金は、本業のCFの何倍になっているだろうか？

図表22■**お金の「入り」と「出」のバランスを考えよう**

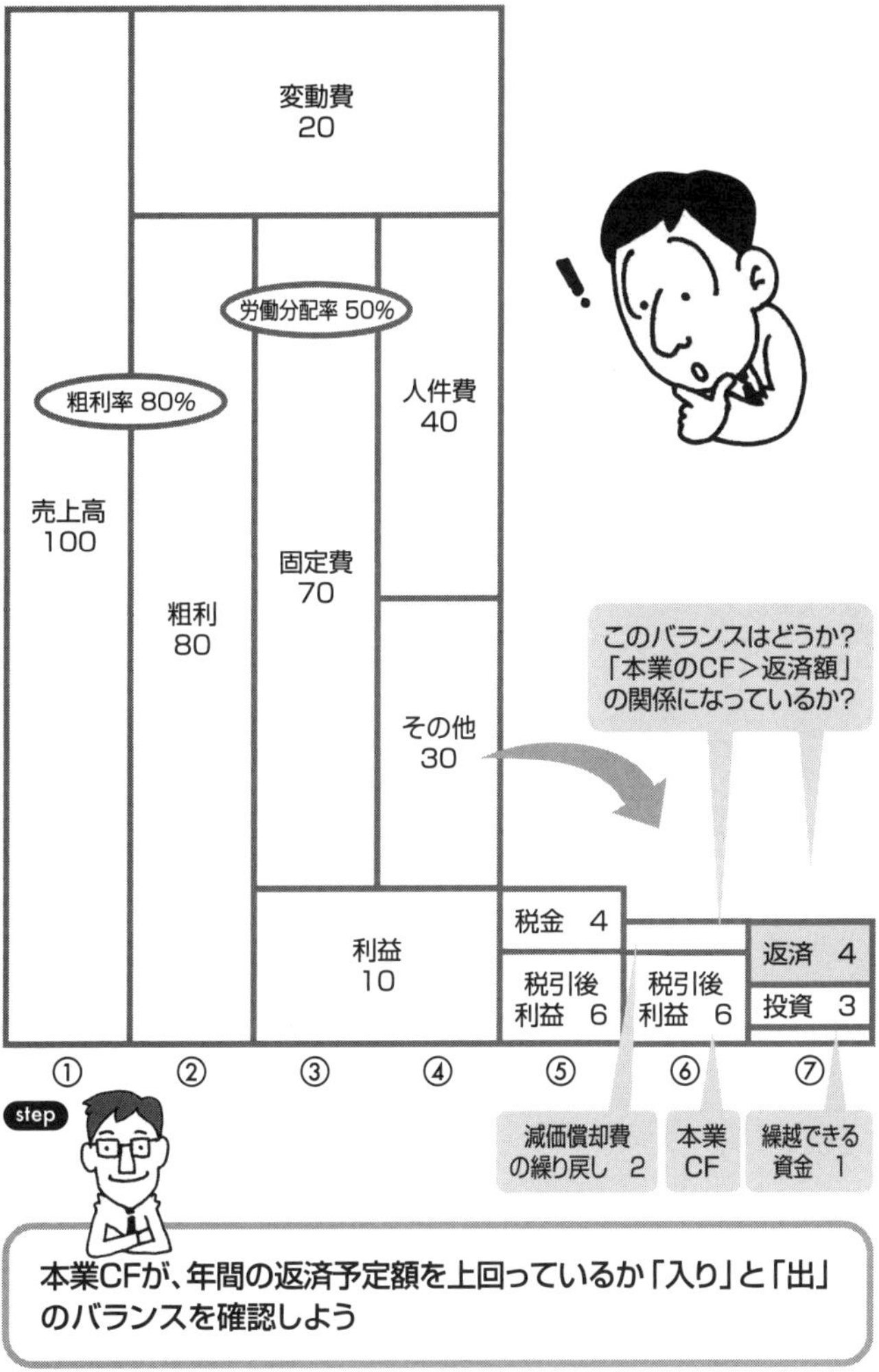

本業CFが、年間の返済予定額を上回っているか「入り」と「出」のバランスを確認しよう

COLUMN

銀行を儲けさせるために働きたいですか？

借金をする際に必ず考えておくべきこと。1つは借りた元本は必ず返すということ。そして、もう1つは利息の負担です。おさらいになりますが、借金の元本は税引後の利益から支払います。一方、利息は経費（固定費）として支払います。

よって、利息が多ければ多いほど、利益は圧迫されます。利益が減ると、その分、借金の返済原資がなくなるので、借金をし続ける期間が長くなります。

借金をしている間は利息が発生するので、生涯コストとしては膨大な費用を払っていることになります。下手をすると、**利息を支払うだけで精一杯で、返済はいつまでたっても終わらない**、なんて悲惨な状態になりかねません。

その状態を**「銀行を儲けさせるために働いている」**と私は呼んでいます。

2％前後で借りられる低金利時代の今のうちは、さほど気にならないかもしれません。しかし、将来的に利率が今の2倍、3倍になったときのことを想像してみてください。

単純に借金の額が今と同じであれば、利息の額が2倍、3倍になるということです。仮に1億円の借金があって、年間200万円の利息を払っていた会社は、利率が2倍になっただけで一気に利息が400万円になるのです。その差額分の200万円分、一気に利益が目減りするのです。200万円の利益を作るためにどれだけの努力が必要か、ちょっと考えてみてくださいね。

そこで、年間粗利と比べて何％の借金をしているか、というモノサシを持っておくと参考になります。これはもちろん少ないほどよいですが、当面の目標として、借金の上限を年間粗利の80％以下に抑えることを目指してください。

なぜなら、仮に今、みなさんの会社が粗利に対して3％の利益を生んでいるとしましょう。そして、その年間粗利と同額の借金をしていて、その金利が3％だとしたら、どうなるでしょうか？　利益がすべて利息で吹っ飛ぶということです。もし粗利の200％の借金をしていたら、粗利に対して6％の利益を生んでいたとしても、3％の金利で利益が帳消しになるのです。

私は多くの会社の決算書を見る中で、同じ利益を生み出すために、借金の大きさ故に2倍、3倍の仕事をしなければならない会社を見ることがあります。それでは、誰のために仕事をしているのかわかりません。

みなさんは自分のために働きますか？　それとも、銀行のために働きますか？

第3章

必ず儲けが残る！
売上目標の決め方・考え方

RANK A
気軽に読もう

RANK B
少し集中して読もう

RANK C
全力で読もう

10分で必達売上目標を算出する7つのステップ

今から、目標の決め方についてお話しします。みなさんは、売上目標をどのように決めていますか？

「どうも会社の数字がわからなくて、対外的にも社内的にも困っているんです。わが社は、一体、売上がいくらあればいいのでしょうか？」

わかりました。では、目標を決める上で、とってもカンタンな考え方をお話しします。ところで、キャッシュフロー経営の３つの定義のうち、３つ目を覚えていますか？

「え～っと、『逆算思考で目標を決める』でしたね」

そうです。ここではその考え方を利用します。特に、これから独立される人、新しく事業を立ち上げる人はよく聞いてくださいね。

ずばりひと言で言うと、**お尻から逆算で根拠を積み上げる**、つまり「いくらのお金を会社に残したいか」というところから発想するということです。

10分で必達売上目標を算出する7つのステップ

①まず「借金返済額＋設備投資額（共に1年間の）＋貯蓄したい金額」を算出してください

②その額の約2倍が必達利益目標ですね（税金で半分近く取られますから）

③その利益に人件費を加えた金額は稼がなければいけません。そして、業種にもよりますが、実は人件費と同じくらい、その他の固定費がかかるものです

④つまり、人件費の2倍が固定費予算です

⑤それを必達利益目標に加えた金額を稼ぎましょう。これが必達粗利目標です

⑥さらに、仕入や外注費のように売上と連動して増減する変動費を加えてみましょう具体的には、必達粗利目標を粗利率で割り算します

⑦できましたか？　それが必達売上目標です

図表23■逆算思考で目標を決める

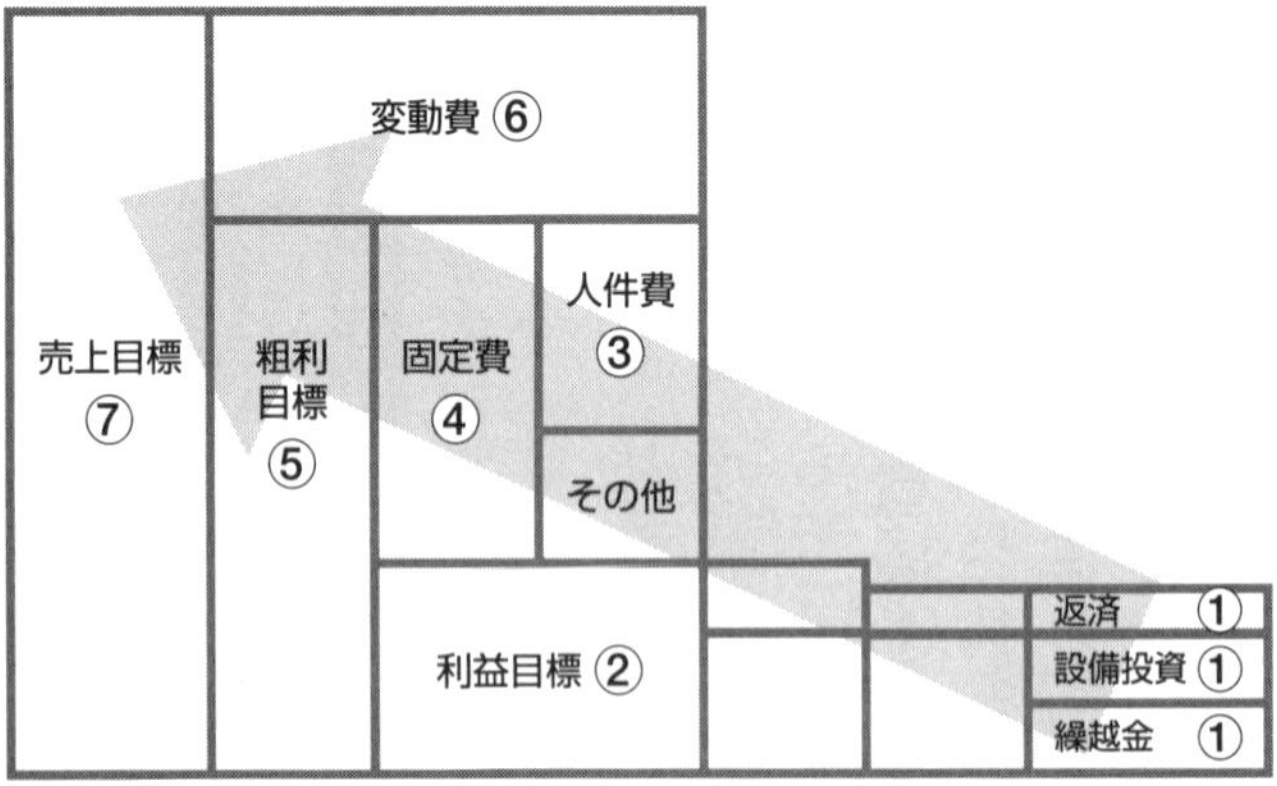

10分で必達売上目標の目安を算出する7ステップ

① まず「借金返済額＋設備投資額（共に1年間の）＋貯蓄したい金額」を算出してください

② その額の約2倍が**必達利益目標**ですね（税金で半分近く取られますから）

③ その利益に人件費を加えた金額は稼がなければいけません。そして、業種にもよりますが、実は**人件費と同じくらい、その他の固定費がかかる**ものです

④ つまり、人件費の2倍が**固定費予算**です

⑤ それを必達利益目標に加えた金額を稼ぎましょう。これが**必達粗利目標**です

⑥ さらに、仕入や外注費のように売上と連動して増減する変動費を加えてみましょう。具体的には、必達粗利目標を粗利率で割り算します

⑦ できましたか？　それが**必達売上目標**です

「え？　こ、こ、こんなにカンタンなことなのですか？」

そうです。こんなにカンタンなことなのです。かなり大雑把に言っていますが、大筋はこうです。つまり、**第1章で説明してきた「お金の流れ」をお尻から積み上げていけば当然のように、売上目標は決まります。**

もちろん、積み上げ式で出てきた売上目標は、時に実現困難に思える数字だったりします。そのときは再び固定費予算や返済・投資計画を見直して、納得感のある数字を探るプロセスが必要になります。いずれにせよ、根拠を積み上げて考えることができれば、あとでいかようにも調整はできるのです。

利益目標と固定費の予算が決まると、必然的に粗利目標が決まります。粗利率が一定なら、売上目標も決まりますよね。実際に簡単なケーススタディを用いて、この発想で順番に考えていきましょう（理解しやすくするため、減価償却費は無視しています）。

まず利益目標を決める

会社に残したいお金、それから借金の返済、設備投資などで必要なお金はいくらでしょうか？

「今年は、１００万円を会社に残したい」

「借金のうち、今年返済しなければならないのは２００万円だ」

「設備投資として、１５０万円を見込んでおこう」

では、税金を払った後で、これらのお金を残すには、どれだけの利益が必要でしょうか？

「税引き後利益で４５０万円は必要なんだな。税率40％として、利益目標は７５０万円（４５０万円÷60％）か」

利益目標	=	来期繰越金	+	財務収支	+	設備収支	+	所得税（法人なら法人税）
		余裕がなければゼロ		借入と返済の相殺額		設備投資の予定額		利益の10〜40%程度
750万円	=	100万円	+	200万円	+	150万円	+	300万円

利益を確保するために必要な粗利は？

この利益目標を達成するために必要な粗利はいくらになるでしょうか？

粗利は、固定費（人件費とその他の固定費）＋利益です。固定費はどれくらい必要でしょうか？

「人件費予算は、給与、ボーナス、社会保険などをトータルすると、５０００万円だ」

「その他の固定費は、４０００万円だな」

「すると固定費予算は９０００万円か」

「そこに利益目標７５０万円を足すと、粗利目標は９７５０万円になるわけか」

粗利目標 ＝ 利益目標 ＋ 固定費予算（人件費：月給とボーナスをリストアップ ＋ その他の固定費：固定費の明細をリストアップ）

9750万円 ＝ 750万円 ＋ 5000万円 ＋ 4000万円

粗利を確保するための必達売上目標は？

ここまでで、粗利目標が決まりました。では、この粗利目標を達成するためには、どれだけの売上が必要なのでしょうか？

「当社の粗利率は60％だ。粗利目標9750万円を60％で割ると、1億6250万円。これが来年度の必達売上目標か！」

その通りです。

本書は「いかに現状を把握するか」に主眼を置いているため、これ以上詳しい説明はまたの機会に譲りますが、あとはこれに具体的な事情を加味して実態にあったものに仕上げ、計画に落とし込み、運用していくだけです。

売上目標 ＝ 粗利目標 ÷ 粗利率
（売上に占める粗利は何％か）

1億6250万円 ＝ 9750万円 ÷ 60％

■目標が決まったら、今すぐ行動！

売上や粗利、利益の年間目標が図に描けたら、それを1カ月単位にブレイクダウンして図にしてみましょう。そして、毎月の数字の実績が判明した時点でその数字を図に上書きし、目標と実績のギャップに焦点を当てるのです。

そのギャップが漠然としているうちは、大して危機感も湧き上がってこないので、ほったらかしでいられます。しかし、目標と実績のギャップを数値化することで、その深刻さはイヤでも目に入ってきます。だからこそ、具体的な覚悟が生まれ、アクションに移れるのです。

実はほとんどの経営者にとっては、「どんな対策を打つか」を考える以前に、「今すぐ行動しよう」と覚悟を決めるだけの理由のほうが重要なのです。

第4章

キャッシュフロークイズで儲けの仕組みを再確認しよう

RANK A 気軽に読もう

RANK B 少し集中して読もう

RANK C 全力で読もう

■──5つのクイズで理解度を確認しよう

ある程度理解力のある人なら、ここまでを読んで「わかったような気になる」はずです。しかし、私の経験から言うと、**白紙の紙に「あの四角の図が描けない」「数字が入らない」としたら、わかっているようでわかっていない証拠**です。

そこでこの章では、ここまでの内容をどれだけ理解したかを確認するためのクイズに挑戦してみましょう。このクイズは重要です。なぜなら、経営者としてビジネスをする際に必ず判断を迫られる質問ばかりだからです。しかも、5つだけを厳選しています。

このクイズがすべて正解できた時、みなさんは「キャッシュフロー思考回路で考える」ことができたことになります。つまり、**お金に目的別に色をつけながら、入りと出のバランスを考え、逆算思考で考える**ことができているはずです。もし、5つとも正解できたら、私からささやかなプレゼントを差し上げます。詳しくは後ほど。

問題

プログラマーとして起業したばかりの田中さん。受注1件につき、20万円の売上になります。月5件受注した場合、1カ月収支構造は、次の図のようになります。

〈単位:万円〉

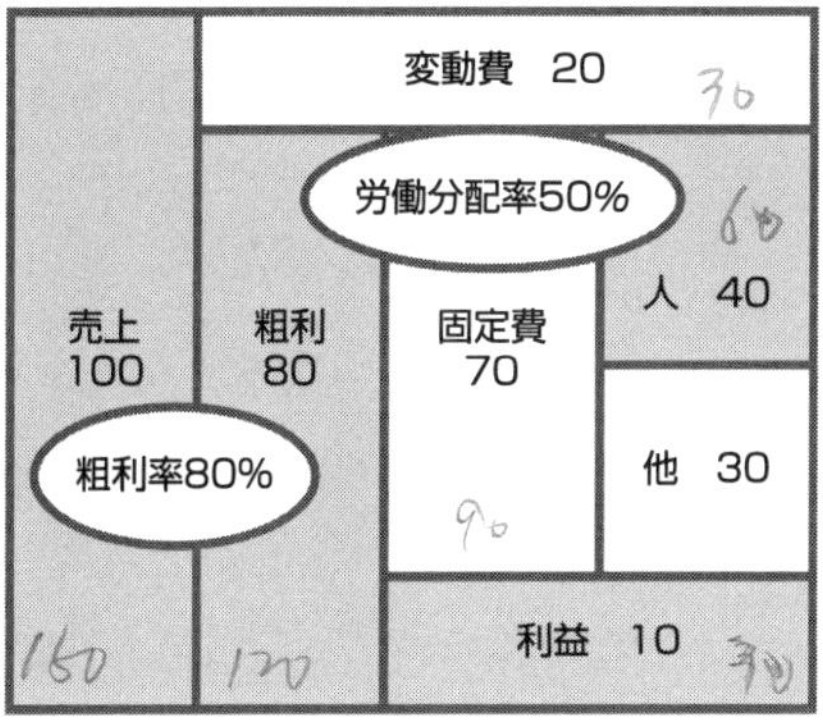

まずは、田中さんの会社の収支構造について確認しておきましょう。

20万円の受注が月5件あるから、売上は100万円です。粗利率は80%。つまり、材料代やデザインの外注費などで変動費が20%発生しています。

そして、粗利80万円のうち、固定費が70万円かかっています。固定費のうち、人件費は田中さん1人分の生活費40万円です。残りの30万円は、旅費や事務所の家賃、コピー機のリース代などにかかっています。

そうすると、田中さんの会社の利益は、粗利80万円から固定費70万円引いて、10万円です。そういう小さな会社を始めました。これが前提条件です。

これを基にして、5つ質問があります。では、一緒に考えていきましょう。

Q1 粗利率が1％アップした時、利益はどれだけアップするか？

粗利率が1％アップした時、利益はどれだけアップするでしょうか？
それでは1分間、時間を差し上げますので、答えを書き入れてください。どうぞ。

A1

利益は10から［　　］に［　　］％のアップとなります。
理由は次の計算の通りです。

［　　　　　　　　］

書けましたか？　では、次のページから一緒に答え合わせをしていきましょう。

ちなみに、この5つのクイズを解くコツは、先ほどのお金の流れの全体図を描いてみることです。そうすれば、Ｑ１は1分間もあれば必ずわかります。証明しましょう。

まず、売上が１００ですね。粗利率が１％アップすると、粗利はいくつになりますか？

粗利率が81％になるわけですから、粗利は当然81です。

固定費は変わりますか？　変わりませんね。ですから、70のまま。そうすると引き算すると81－70＝11。つまり答えは、利益は10から11に10％アップします。


　正解できましたか？　悩んだ人は必ず、図にして考えてください。すると、すぐにわかるはずです。

「それにしても、粗利率が1％アップしただけで、利益が10％もアップするなんて、ビックリしました」

　そうですね。でも、次のクイズはもっと大きな気づきを与えてくれますよ。これも同じ理屈で考えればすぐにわかります。

回答例

Q1 粗利率が1%アップしたと時、利益はどれだけアップするか?

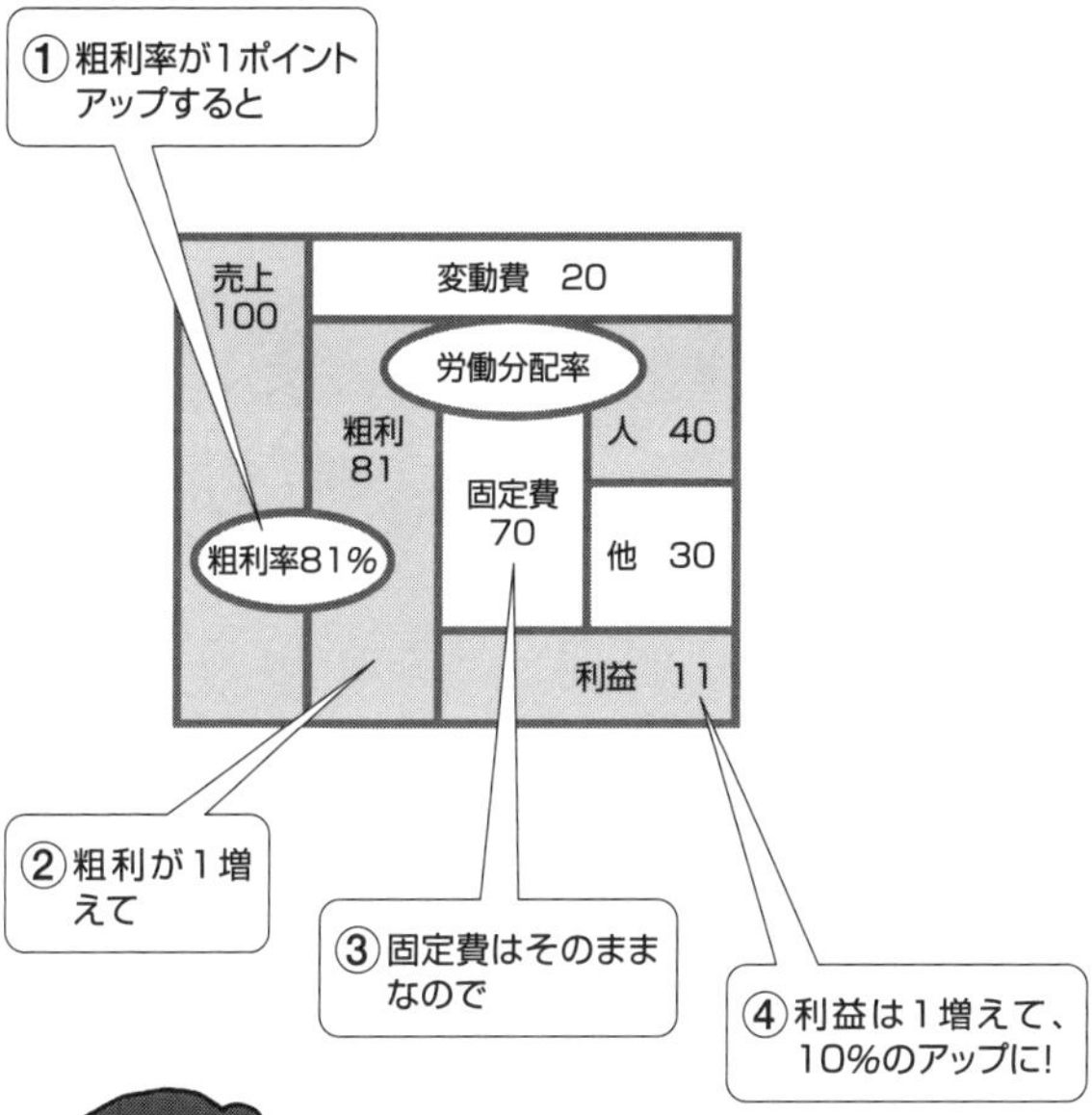
①粗利率が1ポイントアップすると
売上 100
変動費 20
労働分配率
粗利 81
人 40
固定費 70
粗利率81%
他 30
利益 11
②粗利が1増えて
③固定費はそのままなので
④利益は1増えて、10%のアップに!

(答え)

10%のアップ

Q2 全商品を5％値上げしたら、利益はどれだけアップするか？

全商品を５％値上げしたら、利益はどれだけアップするでしょうか？
ただし、値上げしても販売数は変わらないという条件付きです。
では、１分間でどうぞ。

A2

利益は10から［　　］に［　　］％のアップとなります。
理由は次の計算の通りです。

［　　］

これも図にしたら一発でわかります。まず、全商品を5％値上げしたら、売上はどうなるか？　ここでは、値上げしても販売数は変わらないということが前提でしたね。

そうすると、売上は単純に5％アップするので105です。では、変動費はどうなりますか？　変わりません。値上げしただけで、商品を仕入れる金額も販売数も変わらないわけですから、変動費は20のままです。すると粗利は85。固定費は変わらず70のままですから、利益は85−70＝15。つまり答えは、10から15に50％アップします。

「えっ！　たった5％の値上げで、利益が1・5倍になるんですか！」

そうです。ただ、もちろん実際には値上げをすれば、その分販売数が落ちるケースもあるので、そのリスクも考えて計算しましょう。そういえば以前、スーパーが「消費税還元セール」として5％の値下げをしていましたが、もし値下げをせずに売上を確保する工夫ができたとしたら、どれだけ利益を生んでいたか、想像できますよね。

さあ、いかがですか。正解できましたか？　頑張って全問正解を目指してくださいね。

回答例

Q2 全商品を5%値上げしたら、利益はどれだけアップするか?

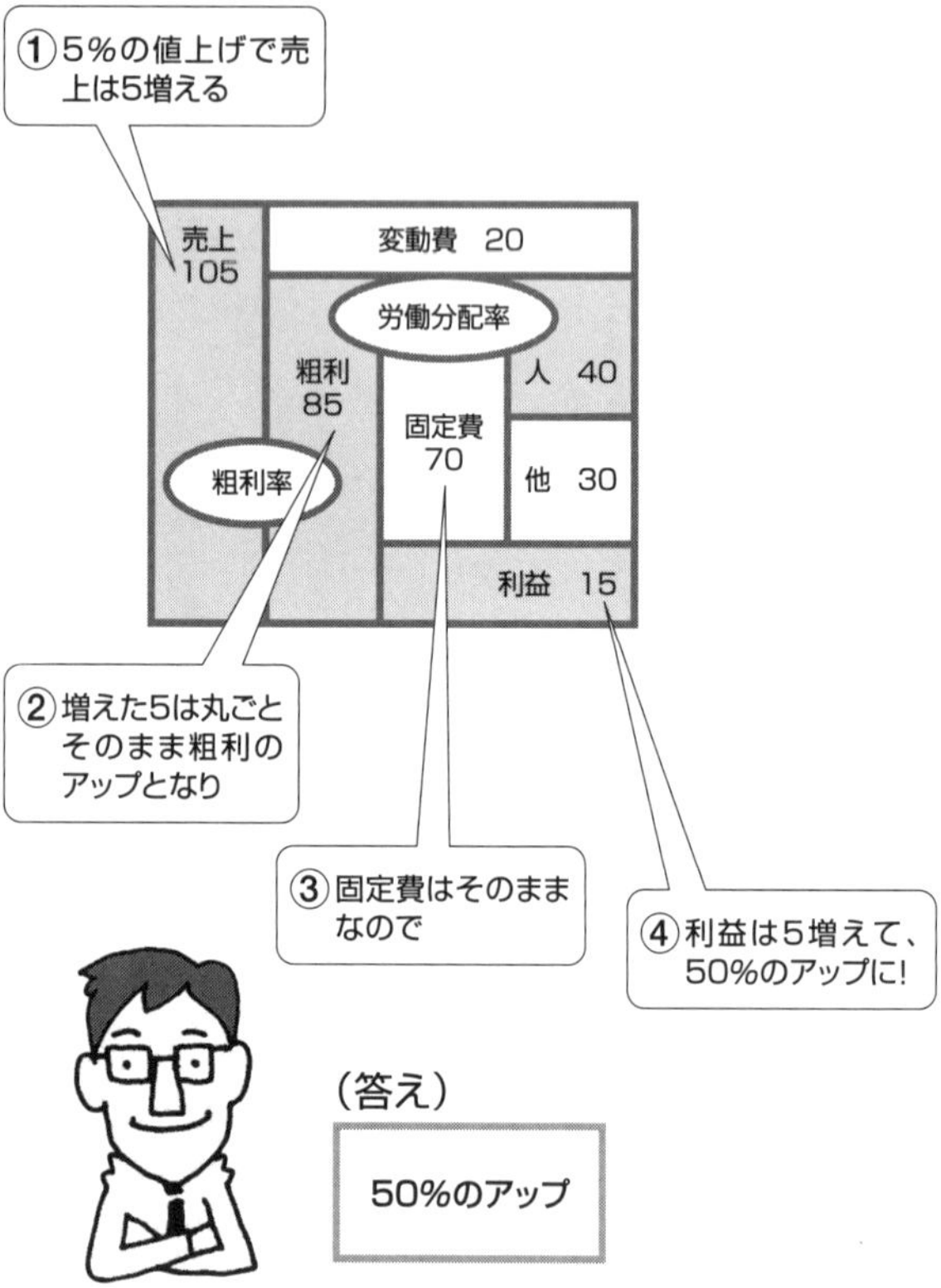

①5%の値上げで売上は5増える
売上 105
変動費 20
労働分配率
粗利 85
人 40
固定費 70
粗利率
他 30
利益 15
②増えた5は丸ごとそのまま粗利のアップとなり
③固定費はそのままなので
④利益は5増えて、50%のアップに!

(答え)

50%のアップ

Q3

仕事の効率が2倍にスピードアップした時、利益はどれだけアップするか？

仕事の効率が2倍にスピードアップした時、利益はどれだけアップするか？
ここでは、スピードアップしたことで、2倍の受注ができて売上が2倍になったと解釈してください。はい、では1分間で考えてください。

A3

利益は10から［　　］に［　　］倍となります。
理由は次の計算の通りです。

［　　　　］

では、一緒に答えを考えていきましょう。これもなかなか面白い質問で、大きな気づきを私たちに与えてくれます。

まず、仕事の効率が2倍にスピードアップしたことで、今まで月に5件の受注ができていたのが、2倍の注文を受けられると考えます。そうすると、売上はどうなるかというと、2倍ですから、200になります。

売上が200ということは、粗利率は80％ですから、粗利は160です。

そして、固定費は変わるかというと、ここでは理論上、変わらないことになっています。固定費はあくまで売上の増減によって増減しない性質の費用だからです。そうすると利益はどうなるかというと、粗利160から固定費70を引いた90。つまり、利益は10から90に、なんと9倍になります。

これは、この固定費70が増えないという前提で考えていますが、もちろん現実的には、「これだけ売上が増えたら給料も増やそう」とか、「旅費がもっと発生する」とか、「もっと上位機種のパソコンを使いたい」などで固定費も増えることが多いです。でも、そうやって固定費が80とか90に増えたとしても、利益は7倍、6倍にはなります。ここでは、クイズなので、単純に考えて9倍となります。

「『時はカネなり』と言いますが、本当だったんですね」

その通り！　まさに**時間あたりの生産性を2倍に高めることで、利益は何倍にも膨らむ**、ということです。利益が9倍になることが何を意味するかわかりますか？

●9年かかって返済する予定の借金が1年で完済できる

●9年かかって貯蓄しようと思っていた資金が1年で確保できる

ということです。その資金がみなさんの夢の実現につながるとしたら、時間あたりの生産性を2倍にすることで、みなさんの夢の実現が何倍にも加速するということです。

では次に、4問目にいきましょう。

回答例

Q3 仕事の効率が2倍にスピードアップした時、利益はどれだけアップするか？

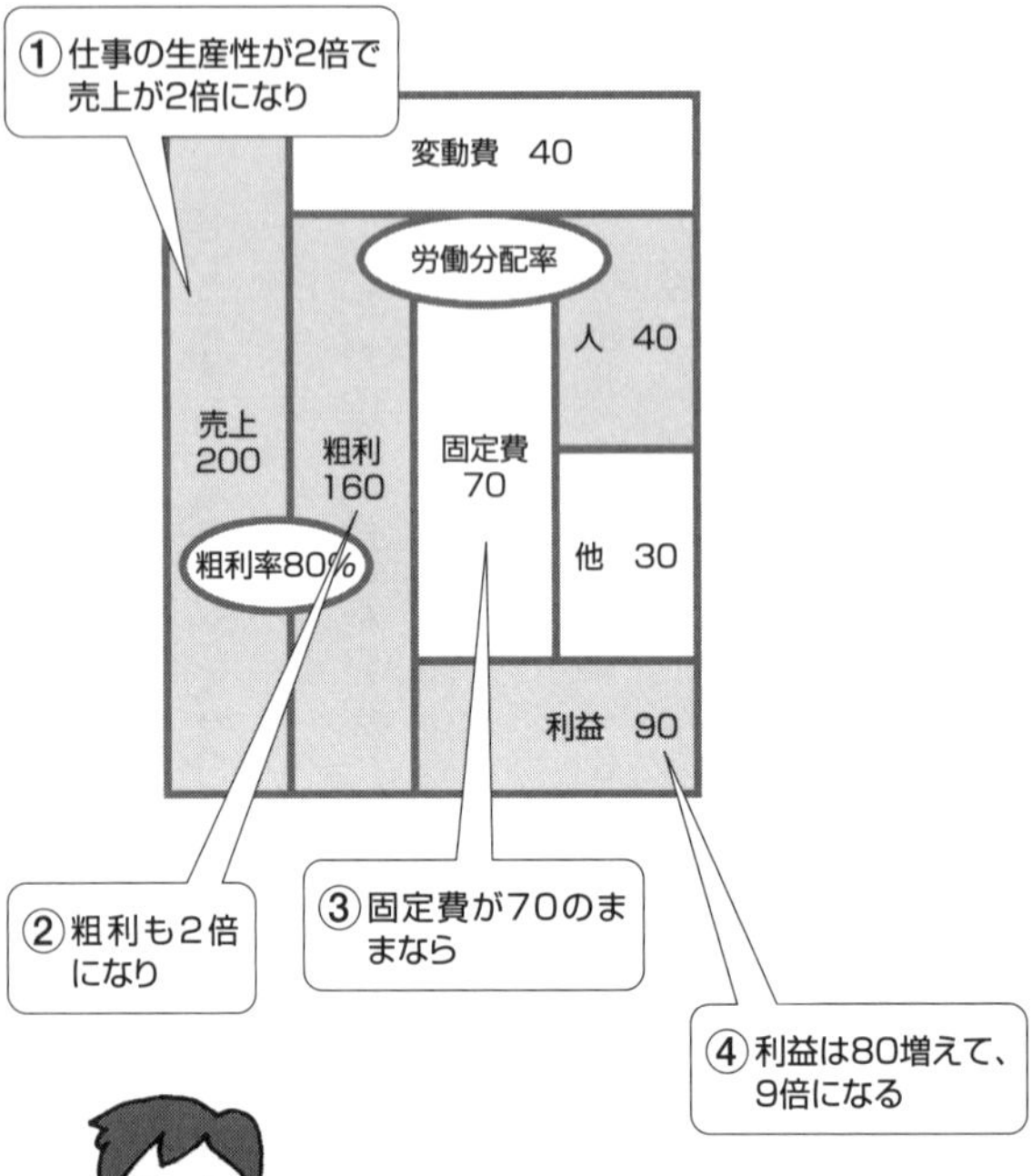

①仕事の生産性が2倍で
売上が2倍になり
変動費 40
労働分配率
人 40
売上
200
粗利
160
固定費
70
他 30
粗利率80%
利益 90
②粗利も2倍
になり
③固定費が70のま
まなら
④利益は80増えて、
9倍になる

（答え）

な、なんと
9倍になる!

Q4 労働分配率50％の会社で、売上が目標の150％の好成績だった。社員はいくら儲かり、会社はいくら儲かるか？

ちょっとだけ難しくなってきましたね。この場合、社員は田中さん1人ですが、スタッフである自分はいくら儲かり、会社の利益としてはいくら儲かるのか。

では、同じく1分間でどうぞ。

A4

人件費は40から［　　］に［　　］倍となり、

利益は10から［　　］に［　　］倍となります。

理由は次の計算の通りです。

［　　　　］

この問題は、「キャッシュフロー経営の3つの定義」の2つ目、「お金の入りと出のバランスを考える」ことを理解するために用意しました。

まず、売上が150％になるので、150万円です。粗利率が80％なので、粗利は120。そして、労働分配率は50％ということなので、粗利の50％を人件費として振り分けるということです。

先にこの人件費のほうから考えましょう。こちらは最初40でしたが、労働分配率50％（すなわち粗利120の50％）ですから60に変わります。

その他の固定費は30のまま変わらないとします。そうすると人件費60とその他の固定費30を足した固定費は、90になります。

粗利120から固定費90を引くと、利益は30です。

ということは、人件費は40から60に1・5倍となり、利益は10から30に3倍になったということです。

「これなら、スタッフも会社もどちらもメリットがあっていいですね」

そうです。この質問の面白いところは、**労働分配率をきちんと決めた上で売上アップを実現できた場合、スタッフにもちゃんと報酬を還元した上に、会社としても相応の利益がもたらされる、**という点です。**頑張った分が自分に跳ね返ってくることが約束されていれば、スタッフのモチベーションは高まります。**そして、**結果的に業績があがり、会社にも利益アップがもたらされるのであれば、素晴らしい**ことではないですか！

正解できましたか？　あまり難しく考えないでくださいね。第3章までの内容を頭の中にしみこませるためのクイズなので、別に計算が違っていても考え方が理解できればＯＫです。気楽に考えてくださいね。

では、いよいよ最後のクイズです。

回答例

Q4 労働分配率50％の会社で、売上が目標の150％の好成績だった。社員はいくら儲かり、会社はいくら儲かるか？

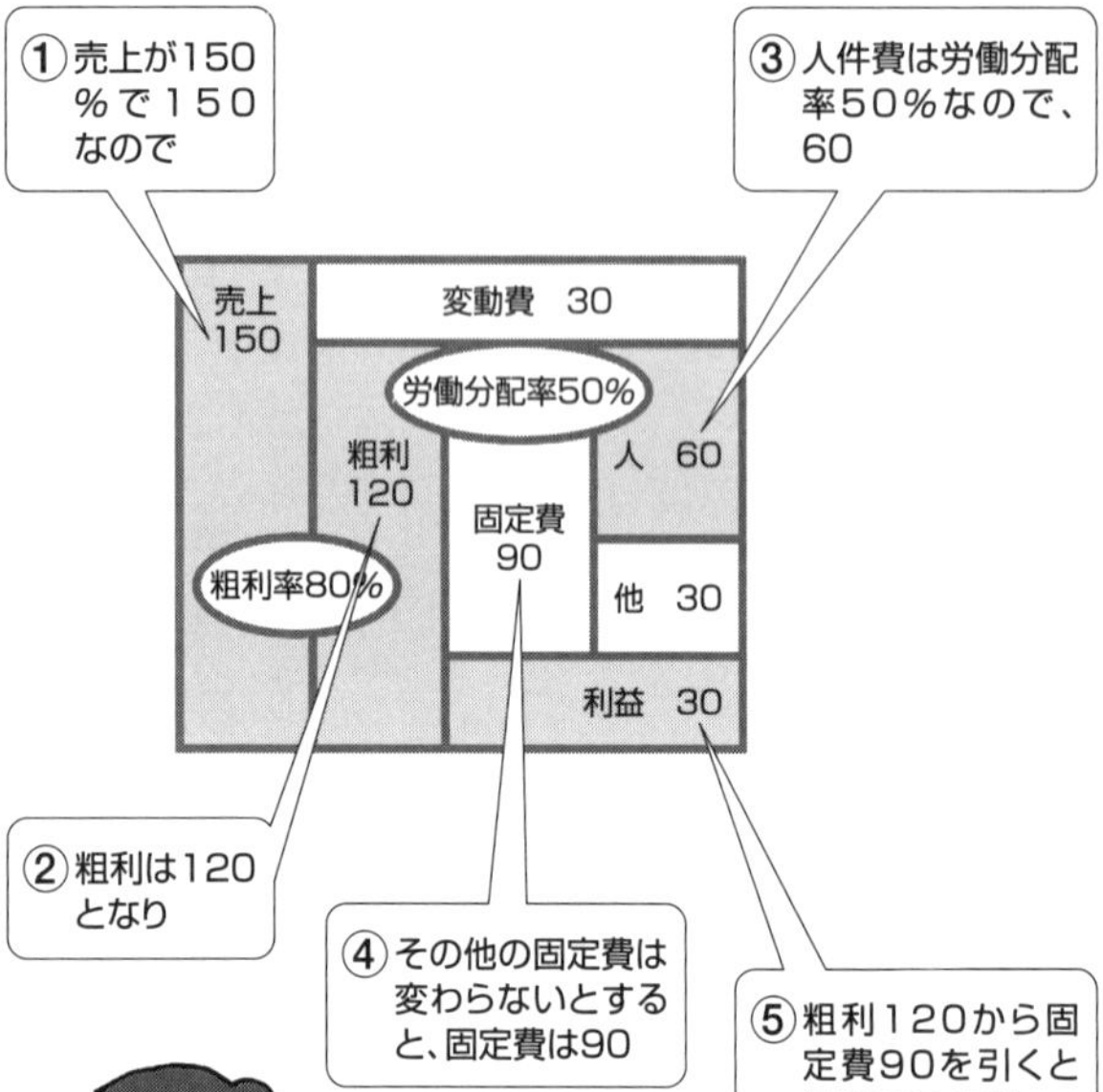
⑤粗利120から固定費90を引くと利益30となる

（答え）

人件費は1.5倍
利益は3倍

Q5 月10万円の広告費を使う。最低いくらの売上アップが必要か？

月、10万円の広告費を新たに使います。つまり、「その他の固定費」が10万円増えるということです。この場合、最低いくらの売上アップが必要でしょうか？

これはみなさんの基準で考えてみてください。

では、1分間でやってみてください。どうぞ。

A5

最低［　　　］の売上アップが必要です。

理由は次の計算の通りです。

［　　　］

この問題では、「キャッシュフロー経営の３つの定義」の３つ目、「逆算思考で目標を決める」考え方を利用します。

今回、広告費を10万円使うということは、固定費が10万円増えるということです。固定費が10万円増えるということは、粗利も最低でも10万円は増やしたいですよね。そうでないと、利益が目減りしてしまいますから。

したがって、粗利率が80％という前提で、粗利が10万円アップするとするならば、売上はいくらアップすればいいでしょうか、という質問になるわけです。コストに見合った売上をはじき出すには、このように逆算思考で考えるとわかります。

では割り算してみましょう。10万円÷80％＝12万５０００円。これは、損をしない最低基準。もちろん、実際にはそれ以外のコストも同時に発生することが予想されるので、それを加味してより大きな目標を設定した、という回答でもＯＫです。

正解できましたか？

回答例

Q5 月10万円の広告費を使う。最低いくらの売上アップが必要か?

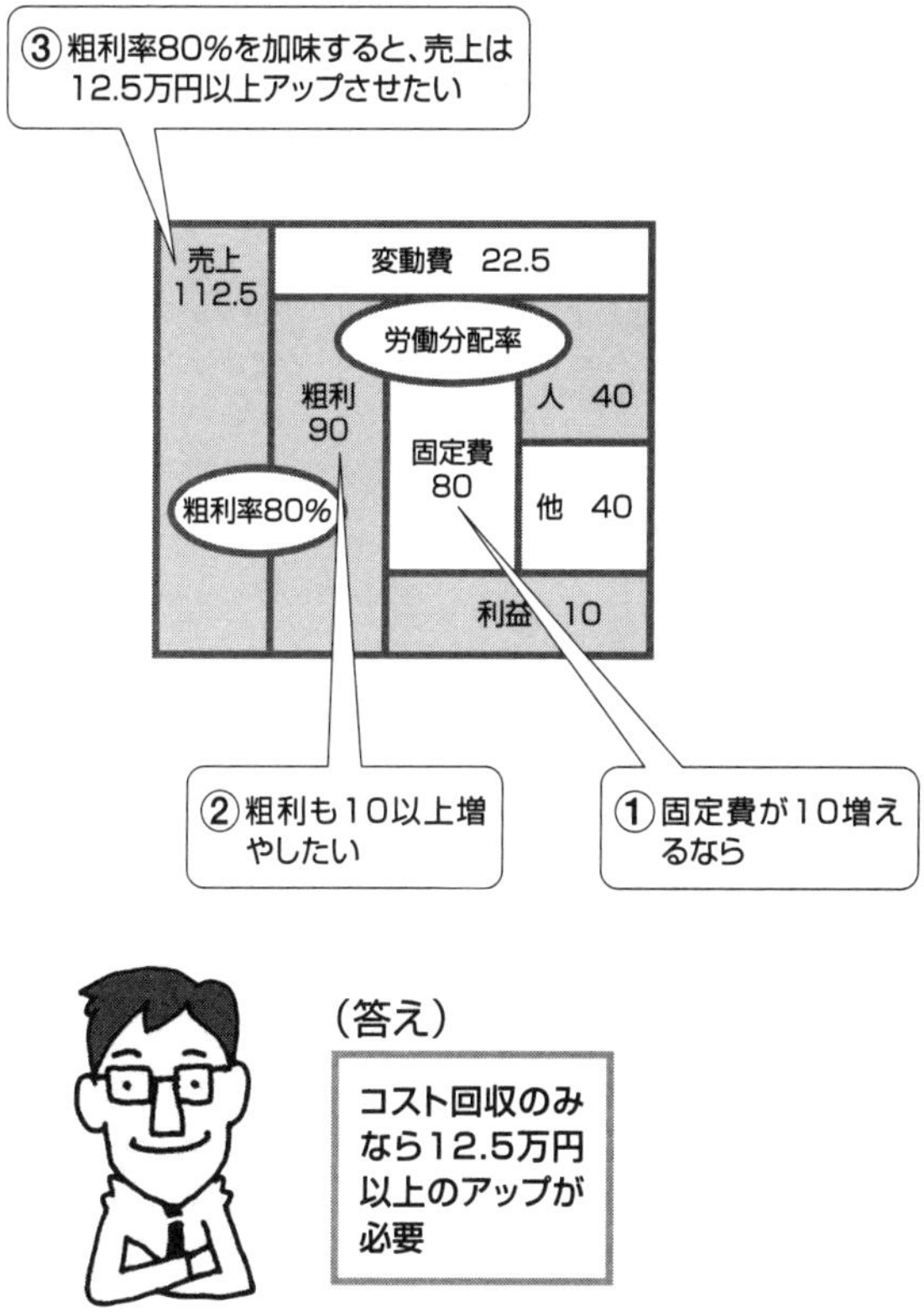

③粗利率80%を加味すると、売上は12.5万円以上アップさせたい
売上 112.5
変動費 22.5
労働分配率
粗利 90
人 40
固定費 80
他 40
粗利率80%
利益 10
②粗利も10以上増やしたい
①固定費が10増えるなら
(答え)
コスト回収のみなら12.5万円以上のアップが必要

この章で回答例として紹介した考え方は、これだけが正解というわけではありません。当然、違う回答もあり得ます。たとえば5問目の質問も、10万円の広告宣伝費を発生させる際に、チラシ作成のために人件費が別途必要になるかもしれません。そうしたら、それも考慮して計算したほうが適切ですよね。

また、この回答例の数字だけを暗記しても意味がありません。「この前提条件であれば、この数字になる」という話なので、粗利率や労働分配率などの前提が変われば当然、結果も違ってきます。

ですから、あくまで回答を導き出すまでのシナリオをご自身で作り出せれば、それが正解ということです。さあ、全問正解できましたか？

「1つしか正解できませんでした」

「私は全滅でした……」

はじめてのトライであれば、正解が少なくても全く心配ありません。ぜひ、2回、3回とトライしてみてください。どんなに数字が苦手な人でも、本書を10回以上読み返し、10回ぐらいトライすれば、きっと全問正解できるはずです。実際、このクイズを経営者を対象にセミナーで行なった場合も、5、6回目ぐらいでようやく全問正解、という人は少なくありませんでした。

何回でも挑戦してください。そして、ついに全問正解できたときには、私にメールで報告してください。みなさんの「全問正解」をお祝いする「認定書」を私が直接メールでお送りします。

全問正解のメール報告の方法●メールの件名に「CF全問正解!」と書いて、book@wani-mc.com あてにメールください。認定書にお名前を入れますので、本文にフルネームを書いてくださいね。また、この本で参考になったところもひと言添えていただけると私の励みになって嬉しいです。

第5章

図で考える儲けの残し方・作り方

RANK A
気軽に読もう

RANK B
少し集中して読もう

RANK C
全力で読もう

■決算書はそのまま読んでもわからない

ここに、ドンブリ株式会社の決算書があります（図表24）。ここからどんなことが読み取れるか、少し考えてみてください。この会社の状況、わかりますか？

「い、いえ、全然わかりません……。どうしましょう？」

そうですよね〜。**わかるわけがありません。**安心してください。この本は、決算書の読み方を指南する本ではないので、わからなくて当たり前なんです。実は、**「決算書をそのまま読んでもわからない」**ことを実感していただくために、あえて何が読み取れるか、と尋ねたのです。

「え？　じゃあ、どうしたらいいんですか？」

図表24■ドンブリ株式会社の決算書

損益計算書

※単位:千円

1.純売上高	600,000
2.売上原価	400,000
3.売上総利益	200,000
4.販売費・一般管理費	200,000
5.営業利益	0
6.営業外収益(雑収入など)	2,200
7.営業外費用(支払利息など)	7,200
8.経常利益	▲5,000

※1.変動費360,000(外注費270,000・材料費90,000)
※2.減価償却費10,000
※3.人件費(役員報酬、給与など)144,000

貸借対照表

資産の部		負債の部	
1.流動資産	(260,000)	1.流動負債	(180,000)
現金預金	50,000	支払手形	50,000
受取手形	30,000	買掛金	30,000
売掛金	80,000	短期借入金	60,000
棚卸資産	100,000	その他	40,000
2.固定資産	(195,000)	2.固定負債	(300,000)
有形固定資産	183,000	長期借入金	300,000
無形固定資産	2,000	資本の部	
投資等	10,000	1.資本金	10,000
		2.当期未処分損失	▲30,000
		(うち当期損失)	▲5,000
資産の部合計	(455,000)	負債・資本の部合計	(455,000)

※長期借入金の返済は月々200万円、短期借入金は借り換えとする

ここまで何度も目にした、お金の流れの全体図にこの数字をあてはめてみるのです。すると、この一見難解に見える決算書が、感覚的に理解できるようになります。

■決算書は図に翻訳して読めばいい

では、次の順番で決算書から数字を引っ張ってみましょう。

①売上は？
②変動費は？
③利益は？
④人件費は？
⑤税引き後利益は？
⑥減価償却費は？
⑦返済できる上限額は？

この7つがわかると、図が描けます。もし自力でできなくても心配いりません。税理士に協力してもらえばラクに描けます。

また、顧問税理士がいない独立志望者は、とりあえず売上から利益までのプランが作ればＯＫです。次ページの**図表25**のようになりますね。

今度はいかがでしょうか？　何か見えてきましたか？

「なるほど〜、この図に置きかえてみると、よくわかりますね」

では、この図から「入りと出のバランス」に注目して、**「①粗利と人件費の関係」**、**「②粗利・利益と返済額の関係」**の２つの観点から考察してみましょう。その際には、単に数字だけを眺めるのではなく、数字以外の自社の実態もふまえて考えることが大切です。

ここでは、この会社の社長の目線による考察をご紹介します。

図表25 ■ 決算書から図を描くと…

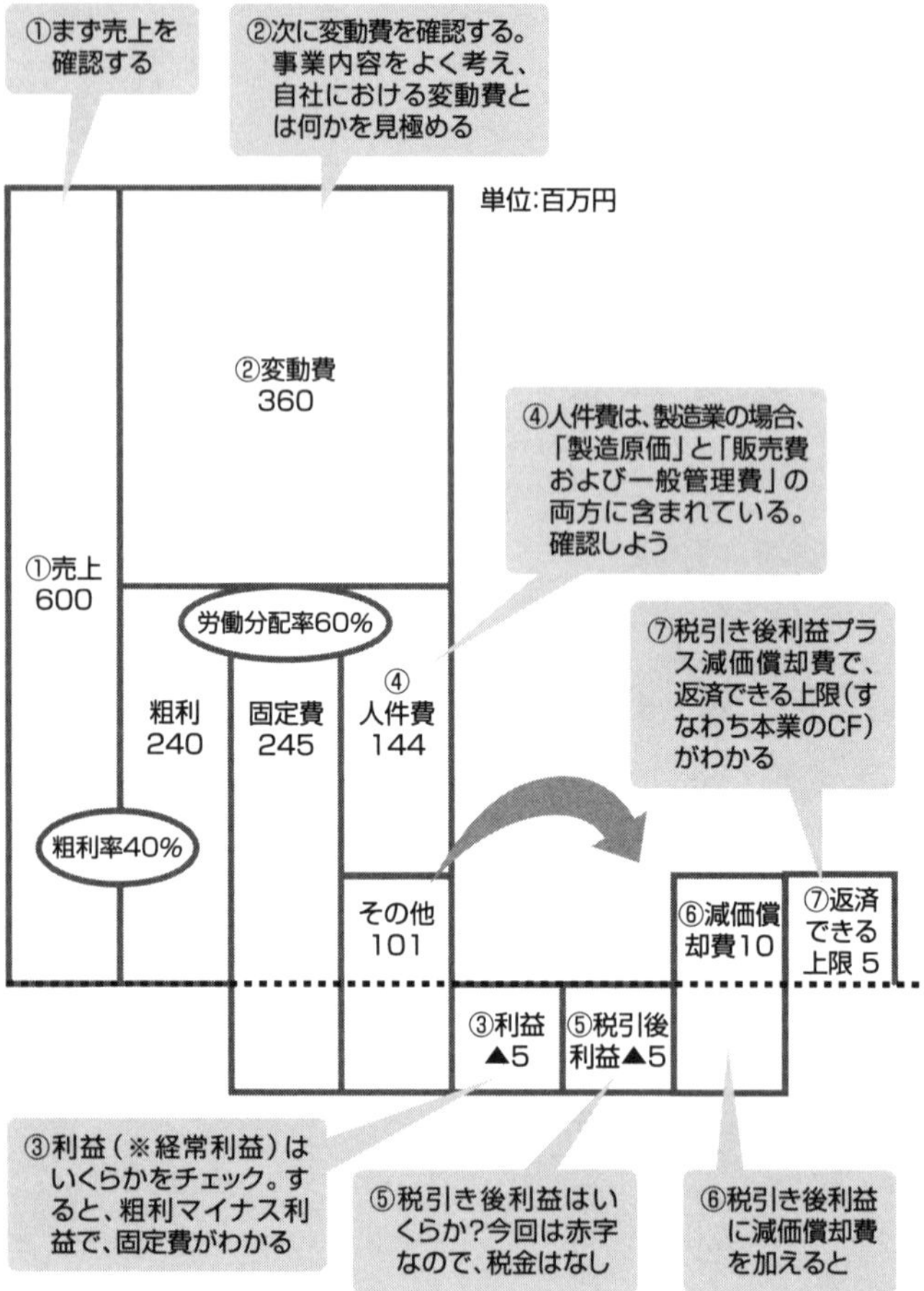
①まず売上を確認する
②次に変動費を確認する。事業内容をよく考え、自社における変動費とは何かを見極める
単位:百万円
②変動費 360
①売上 600
労働分配率60%
粗利 240
固定費 245
④ 人件費 144
粗利率40%
その他 101
④人件費は、製造業の場合、「製造原価」と「販売費および一般管理費」の両方に含まれている。確認しよう
⑦税引き後利益プラス減価償却費で、返済できる上限(すなわち本業のCF)がわかる
⑥減価償却費10
⑦返済できる上限 5
③利益 ▲5
⑤税引後利益▲5
③利益(※経常利益)はいくらかをチェック。すると、粗利マイナス利益で、固定費がわかる
⑤税引き後利益はいくらか?今回は赤字なので、税金はなし
⑥税引き後利益に減価償却費を加えると

※ここでいう「利益」は、営業利益(営業活動による利益)ではなく、経常利益(さらに雑収入や借金の支払利息などの出入りも含めた最終の利益)をあらわします

■——どうすれば儲けを残すことができるのか

ドンブリ社長の考察

①粗利と人件費の関係

● この図を見ると人件費が大きすぎることがわかる。ちなみに**労働分配率は60％だが、今の収入レベルでは、これだと利益が出ない。**まずは黒字化する必要がある。当面の目標として57％以下を目指そう。あるいは、仮に今の人件費の枠は確保したままだとして、１２５０万円以上の売上をアップさせる戦略も考える必要がある。また、付加価値を高め、粗利率を１ポイントでも引き上げる手立てを打とう。

● ここ数年、社員が高齢化し、これまでの年功序列型賃金で、高給の割に粗利を生んでいない社員も多い。▲５００万円の赤字ということは、仮に人件費を５００万円抑えると収支トントン。これは、近々、定年退職で人件費は自然減するから、その時に安易に人を補充しないよう、採用をよく考える必要がある。

②粗利・利益と返済額の関係

- 減価償却費1000万円の繰り戻しで、借金の返済原資は年間500万円生まれているが、銀行には年間2400万円返済するプランになっているはず。これだと、**年間で1900万円の資金が不足する**ことになる。これは短期で頻繁に借入して、「借りて返す」を繰り返し、さらに預金残高を食いつぶしながらお金を回している状況だ。
- 借金の額が短期と長期をあわせて3億6000万円。**粗利に対して借金が150%もある。**この借金によって、利息の支払い720万円が発生している。もし無借金だったら、支払利息がゼロで、今のままでも220万円の黒字になっている。
- 借金の元本の返済は、現状では実質的には年間500万円しかできていないのだから、銀行には金利を支払うばかりで、返済は遅々として進んでいないことになる！　**今のペースで返済し続けると、一体あと何年かかるのか？**　3億6000万円÷500万円は……（**ゲッ！　72年!?**　私は何歳まで働かなきゃならないんだ？）。

さあ、実態が見えてきましたか？

■脱ドンブリの第一歩は現状を知ること

「今まで気にしていなかったわが社の実態が見えてきました。それにしても、今まで数字を見ずにやってきたツケが回ってきたという感じです」

問題を先送りして解決するわけじゃなし、これをきっかけに本気で会社の改善に取り組んでいきましょう。**現状を正しく知ることが、脱ドンブリのはじめの一歩**です。

ここまで読み取るのに、60分あれば十分です。自分で考えてみて、わからないところだけピンポイントで税理士に尋ねれば解決します。

読者のみなさんも、ドンブリ社長と同様に、決算書の数字をあてはめて眺めてみてはいかがでしょうか。今まで見えなかったことが見えてくると思いますよ。

私自身、かつて中小企業診断士などの勉強をした時期があって、一般的な財務知識はひとおり学びました。今思えば、実務では使わない知識もたくさん覚えました。一見、回り道をした面もあったかもしれません。しかし、だからこそ、今は「中小企業の経営において、お金の面はこれだけ押さえておけば80％はＯＫ」と言い切ることができます。つまり、安心して「捨てる」勇気を持つことができました。そういう意味では、これまでの勉強は私にとっては無駄ではなかったと思っています。

ただ、これから会社の数字を学ぶ人は、何も私と同じ回り道をする必要はありません。仮に本格的に財務を勉強したい人でも、まずこの本の内容をマスターして会社のお金の全体象をつかんでから、プラスαでさらに詳しい財務の勉強をすれば、理解のスピードは圧倒的に速まることでしょう。

なにごとも順番が大切です。

本書のサブタイトルに「図を描くだけでお金の悩みが消えていく」とありますが、多くの人は「お金の悩みが消える＝儲かる」と発想しがちです。でも、実際には儲かっていてもお金の悩みがつきない人もいます。

それは、**お金の悩みは実態が見えないときに発生する**からです。図を描くことで実態がつかめれば、お金の悩みから解放されるはずです。そして同時に、「いかに売上を10％アップさせるか？」「いかに固定費を5％削減するか？」といった建設的な具体策に頭が切り替わるのです。

実態をつかむことは、会社の弱点を知ることでもあります。たとえば、値引きによる粗利率の低下が最大の問題なのに、そこを理解しないまま、人件費や諸経費の削減をしても、根本的な解決策にはなり得ません。

部分だけを見ていても、根本的な改善にはつながらないのです。

全体を把握し、実態を正しく知ることが、すべてのはじまりであるということを忘れずに、ビジョンの実現に向けて第一歩を踏み出しましょう。

エピローグ■ビジョンの実現に向けて踏み出そう

最後までお読みいただき、ありがとうございました。

この本を読む前と後で、ビジネスにおける数字との向き合い方に少なからず変化が起こっているのではないでしょうか。

第5章の演習で、実際にご自身の決算書を図にしてみましたか？

これはぜひトライしてみてくださいね。その演習はみなさんに「数字でのフィードバック」を与えてくれます。

フィードバックとは、現状をありのままに鏡に映し出し、認識すること。**正しいフィードバックを自分に与えることが、ビジョンに向かって突き進む上でのはじめの一歩です。**そこで「あれ？　思っていたのとかけ離れているぞ」と気づくからこそ、「なんとかしなきゃ！」と本気で思えるのです。もちろんフィードバックはよいことばかりではありません。むしろ耳の痛いことのほうが多いものです。そのため、なかなか行動を起こさない人をよ～く観察してみると、いろいろと理由をつけてフィードバックを受けたがらないことに気づきます。

ある知人の税理士は、顧問先の社長のことについて、残念そうな表情で次のようにもらしていました。

「月次の業績報告のために社長に会いに行くと、『急用が入ったから』と言って席を外し、話を聞こうとしない人がいます。数字が悪いことは漠然とわかっているので、耳をふさぎたいのでしょうかね……。そのような姿勢ではよくなるものもよくならないのですが」

それは数字に限らず、友人や仲間、お客さんからの言葉によるフィードバックも同様です。恐怖やプライドが邪魔をして、耳をふさいでしまうのです。それはちょうど、数年前の私が「ダイエットしたい」と口癖のように言っていながら、なぜか体重計に乗ることを拒否していた姿と似ています。きっと当時の私は体重計に乗ることで数字のフィードバックを受けるのが怖かったのでしょう。ちなみに、今では毎晩風呂あがりに体重計に乗るのが習慣となり、ベスト体重をキープしています。

ただ、体重は簡単に知ることができます。しかし、会社の数字を正しく知るには、フィードバックを受ける勇気を持つ前段階として、受け取り方が難しい、つまり、**数字の読み方がわからないという初歩的なハードル**が多くのビジネスマンにありました。そこで、そのハードルを取り去るのも本書の狙いの1つです。

会社の数字は分析するために見るのではありません。ビジョンに向けて行動を起こすモチベーションを引き出すために見るのです。そのためには、数字を見て現状がわかること、そして目標とのギャップをつかむことが大切です。本書では一貫してそこに焦点をあてて話を進めてきました。

プロローグで、私は「①お金の流れの全体図をビジュアルで理解する」「②判断する基準を持つ」の2つを押さえておくことの大切さをお話ししました。その意味は、本書を読破されたみなさんならおわかりかと思います。

全体を把握しているからこそ本質がわかる。経営者は「木を見て森を見ず」では落とし穴にハマりかねません。**「森を見て、木も見る」**思考を身につけるきっかけに本書がなれば幸いです。

私は27歳で経営コンサルタントとして独立したとき、**「経験も資格もお金もない僕のような若造が、本当にやっていけるのか?」**と内心は不安で一杯でした。

しかし、あれから6年半が経ち、おかげさまでクライアントの皆様と共に成長させていただいているのは、まさに本書でお話しした「①お金の流れの全体図をビジュアルで理解する」と「②判断する基準を持つ」ことに徹したからです。たったこれだけのことで、自分の夢をただの夢で終わらせず、形あるものに変えていくことができました。

現状がわかり、あるべき姿をイメージできれば、そのギャップを埋めるための知恵が湧いてきます。あるいは、アンテナが張り、必要な情報をキャッチできるようになります。

お金が、ビジョンの実現を妨げる最大の原因になるのは寂しいことです。**お金はビジョンを実現させるためのツールです。**その正体と使い方のヒントを本書からつかみとり、みなさんの夢の実現が加速されることを願っています。

謝辞

この本を執筆するにあたり、数多くの皆様のお力添えをいただきました。限られた誌面の中ではありますが、お礼を申し上げます。

まずは、ＳＴＲＡＣ表（現：ＭＱ会計表）を開発され、拙著でご紹介させていただくことにご快諾いただいた西順一郎先生にお礼を申し上げます。

数字嫌いな私が今では数字を扱う仕事に携わっていられるのも、西先生の戦略会計の考え方がベースにあります。私は新入社員の頃、この考え方を学び、目からウロコが落ちました。そして耳で聞いて理解できない概念をビジュアル化することで、経営者はもちろんのこと、スタッフにも理解しやすく伝えることができることを学びました。

また、これまで共に試行錯誤を重ねてビジョンに向かって突き進んでくださったクライアントの皆様、そしてセミナーに参加してくださった皆様に心から感謝しています。
皆様との数年間の取り組みによって、私は多くの学びと気づきの機会をいただきました。
ちなみに本書は、クライアント先企業の社員の皆様に、日頃のコンサルテーションの復習教材として活用していただくこともイメージしながら書きました。

共にノウハウのブラッシュアップのために尽力してくれたワニマネジメントコンサルティングならびにビジョナリープラネットの仲間たちに、いつも感謝しています。
とりわけ、マネージング・パートナーの丹羽浩之さんには、本書の執筆においても多方面からのフィードバックをいただき、客観的に見直すことができました。ありがとうございます。

そして、本書を読者の視点でよりわかりやすく、説得力ある本に仕上げるために知恵を絞っていただいた編集者の笠井一暁さんにお礼を申し上げます。

本書が、多くの中小企業が「脱★ドンブリ経営！」を声高々に掲げ、ワクワクするビジョンに向かって前進するきっかけとなることを祈っています。

2005年7月

ビジョナリーパートナー　和仁達也

読者の皆様への特別サービス

今回、この本の第1章でご紹介した「お金の流れの全体図」を和仁が肉声でナビゲートするサービスをホームページ上で行なっています。目からだけでなく、耳からもインプットをして学びを深めたい方は、私のホームページ（http://www.wani-mc.com）から自由にお聴きいただけます。

さらに、第1章の最後で、自社の数字を図に書き入れるワークがありましたが、その記入シートも同じくホームページからダウンロードできますので、ご利用ください。

また、本書の知識をもとに、実際に自社の現状を詳しくお知りになりたい方のため、決算書をもとに作成する3カ年のキャッシュフローレポートがついたビデオセミナー「キャッシュフロー経営セミナー実践編」を、ホームページにてご提供しています。和仁の語りを楽しみながら臨場感を持ってナビゲートされたい方は、こちらもご参考いただければ幸いです。

ビジョナリーパートナー　和仁達也
ホームページ　http://www.wani-mc.com
メールアドレス　book@wani-mc.com

［著者］

和仁達也（わに・たつや）

経営者のビジョン実現化をサポートするビジョナリーパートナー。1972年１月１日生。99年１月に開業。現在、（株）ワニマネジメントコンサルティング、および（株）ビジョナリープラネットの２社の代表を務める。有能な幹部不在に悩むスモールビジネス・オーナーの社外パートナーとして、「ワクワク感動できるコンサルティング」をカンパニー・スピリッツに掲げ、コンサルティング活動を行なっている。弁護士や税理士などの専門家ブレインや社外コンサルティング・パートナーとの連携により、全国各地で活躍中。

得意分野は、経営者が本当にやりたいことを明確にし、解決策を本人から引き出すコーチング。ビジネスはもちろんのこと、人生を最高に充実させる方法を常に考え、情熱を注いでいる。また自身が人並み以上に悩み体得してきた経験にもとづき、ビジョン実現化と『お金、時間、コミュニケーション』を連動させる独自の理論で、経営の素人にも理解できるほどわかりやすくアドバイスをしている。そのノウハウはビデオ・セミナーとしてホームページからも提供しており、軽快で親しみのある語り口が高い評価を得ている。

最近では顧問先へのコンサルテーションのほかに、企業内セミナーや勉強会・交流会などでの講演依頼が後を絶たない。また、会計事務所が顧問先とパートナーシップを築く仕組みづくりも支援している。著書に「夢現力」「成功ノート術」（共にゴマブックス）、「キャッシュフロー経営って？」（デンタルダイヤモンド社）など。
好評配信中の無料メルマガ「ワニレポ」は多くの読者に勇気と気づきを与え続けている。

ホームページ　http://www.wani-mc.com
e-mail　book@wani-mc.com

脱★ドンブリ経営
——図を描くだけでお金の悩みが消えていく！

2005年7月28日　第1刷発行

著　者——和仁達也
発行所——ダイヤモンド社
〒150-8409　東京都渋谷区神宮前6-12-17
http://www.diamond.co.jp/
電話／03·5778·7236（編集）　03·5778·7240（販売）
装丁————渡邊民人（タイプフェイス）
本文レイアウト—木村奈緒子（タイプフェイス）
装丁イラスト—坂木浩子
本文イラスト—後藤知江
製作進行——ダイヤモンド・グラフィック社
印刷————堀内印刷所（本文）・共栄メディア（カバー）
製本————川島製本所
編集担当——笠井一暁

ISBN 4-478-47075-8